PR

DANS

M

Pour

SUR LE TR

PA

Ancien Député, m

DEU

DU

LIBRAIRE DES C

DES MIN

Quai de

MANUEL PRATIQUE

POUR L'APPLICATION DE LA LOI DU 19 MAI 1874

PARIS. — TYPOGRAPHIE LAHURE

Rue de Fleurus, 9

PROTECTION DES ENFANTS

DANS LES MANUFACTURES ET LES ATELIERS

MANUEL PRATIQUE

Pour l'application de la loi du 19 mai 1874

SUR LE TRAVAIL DES ENFANTS ET DES FILLES MINEURES EMPLOYÉS DANS L'INDUSTRIE

PAR M. EUGÈNE TALLON

Ancien Député, membre de la Commission supérieure de l'inspection,
Avocat au barreau de Paris

DEUXIÈME ÉDITION

PARIS

DUNOD, ÉDITEUR

LIBRAIRE DU CORPS DES PONTS ET CHAUSSÉES
DES MINES ET DES TÉLÉGRAPHES
Quai des Augustins, n° 49

1877

PRÉFACE

———

Ce petit livre est une œuvre de vulgarisation. Il s'adresse à tous ceux, pères de famille, patrons, industriels, agents de l'autorité, inspecteurs ou magistrats, dont le devoir est de prendre soin du sort des enfants d'ouvriers et de leur prêter aide et protection.

L'honorable rapporteur de la loi du 19 mai 1874, convaincu de l'utilité de cette œuvre de salut social, n'a point voulu la voir sommeiller dans l'inertie; il n'a point cessé de travailler à en répandre la connaissance dans l'opinion publique et à la faire passer du domaine de la théorie à la réalité d'une pratique générale et journalière.

Pour atteindre ce but, M. Eugène Tallon a

1

d'abord développé les origines, les précédents, la préparation, le caractère de la loi nouvelle dans un premier ouvrage, publié de concert avec le zélé inspecteur divisionnaire du département de la Seine, sous ce titre : *Recueil de législation sur le travail des enfants*[1] ; il a fait ressortir ensuite l'influence de la loi nouvelle sur le progrès des mœurs et l'éducation des jeunes générations dans son livre, sur *la vie morale et intellectuelle des ouvriers*[2] ; enfin, il a étudié, dans cet écrit, la loi du 19 mai 1874 sous son côté juridique et pratique.

L'auteur eût pu sans doute donner, d'une loi à laquelle il a consacré de longues études, un commentaire très-développé et faire en quelque sorte de ce livre un traité dogmatique ; il a préféré présenter son œuvre sous une forme simple, claire et rapide, pour qu'elle pût pénétrer facilement dans les ateliers et instruire de leurs devoirs et de leurs droits respectifs, à la fois les

---

1. *Législation sur le travail des enfants*, par MM. E. Tallon et Gustave Maurice. Baudry, éditeur, 1875.

2. *La Vie morale et intellectuelle des ouvriers*, in-8°, librairie Plon, 8, rue Garancière, Paris.

patrons qui appliquent la loi et les ouvriers qui y sont soumis : en un mot, il a voulu faire de cet écrit un utile instrument d'enseignement populaire.

Le rapide écoulement de la première édition du *Manuel pratique* a déjà prouvé que la pensée qui l'a inspiré a été bien comprise du public : le bon accueil fait à ce petit livre, en démontrant qu'il répondait à un besoin réel, imposait en même temps à ses éditeurs l'obligation de le tenir en harmonie constante avec l'état de la législation.

Nous avons cependant évité d'agir avec précipitation. L'autorité des lois, qu'on ne l'oublie pas, est l'œuvre du temps et de l'expérience. Le *Manuel pratique* doit, dans ses éditions successives, suivre le progrès de la loi, s'éclairer des lumières de la jurisprudence, recueillir les fruits de l'expérience acquise. Cette étude reste ouverte, dans le champ de l'observation, à tous les développements et à toutes les réformes, comme une mine nouvellement découverte au milieu d'une région inconnue, et encore inexplorée.

Le but que nous poursuivons est d'arriver, à mesure que la protection légale de l'enfance prendra possession de nos mœurs, à affermir ses conquêtes en préparant, non-seulement pour les industriels mais encore pour les jurisconsultes, un commentaire complet et définitif d'une loi, dont les progrès et l'autorité iront sans cesse croissant.

Puissions-nous ainsi contribuer, par de persévérants efforts, à favoriser l'amélioration morale et intellectuelle de la jeunesse ouvrière ! nous y parviendrons, d'un commun accord, en confiant le succès de notre publication à tous ceux qui portent haut dans leur cœur les sentiments d'humanité ; et, nous l'avons déjà appris à l'épreuve, le nombre en est grand dans notre généreux pays de France.

L'ÉDITEUR.

INTRODUCTION

***

Esprit de la loi du 19 mai 1874. Son but. Son application. Méthode du Manuel [1].

La loi sur le travail des enfants et des filles mineures dans l'industrie, votée par l'Assemblée nationale le 19 mai 1874, a été mise en vigueur le 3 juin 1875. L'exécution des prescriptions de cette loi a inspiré, il faut le reconnaître, quelques appréhensions aux patrons et aux chefs des usines et manufactures. Les pères de famille eux-mêmes, dans la population ouvrière, s'en sont émus et préoccupés. Les uns et les autres redoutaient au début que l'application rigoureuse de la loi, en dépit de ses intentions généreuses, n'entraînât la désorganisation du travail, des embarras

1. Dès le début de ce commentaire de la loi du 19 mai 1874, nous avons hâte de dire combien notre tâche a été facilitée par les délibérations autorisées de la Commission supérieure, par les rapports de son éminent président, M. Dumas, et les procès-verbaux, rédigés avec un soin éclairé, par son secrétaire, M. Depresle.

pour la fabrication, des souffrances même par la diminution du salaire des enfants. Les uns et les autres d'ailleurs, même les plus scrupuleux dans l'accomplissement de leurs devoirs, n'envisageaient pas sans crainte les pénalités inscrites dans la loi, ni l'attribution, faite à un corps nouveau de fonctionnaires, d'une surveillance qu'ils suspectaient déjà d'excès de zèle et d'arbitraire.

Ces inquiétudes et ces craintes, nous avons hâte de le dire, étaient chimériques. La loi du 19 mai 1874, l'expérience en est faite, ne justifie en rien de semblables alarmes.

Le législateur ne pouvait en effet méconnaître combien les chefs d'industrie et les patrons en général, se montrent plus soucieux aujourd'hui que par le passé du sort de l'enfance ouvrière, de l'amélioration de sa condition, de ses progrès moraux et intellectuels. Les prescriptions légales nouvellement édictées, portent l'empreinte de ce sentiment; elles doivent être envisagées par les industriels sous leur véritable caractère, celui de conseils, d'instructions pratiques formulés en vue de la protection de l'enfance, bien plutôt que sous un aspect de rigueur et de coërcition.

La condition des enfants, dans la famille ouvrière, devient souvent, il est vrai, un obstacle à leur instruction et à leur saine éducation. La nécessité du travail industriel, le besoin du salaire pour soutenir les charges de l'existence commune, obligent le plus souvent le père et la mère à vivre séparément, dans des ateliers éloignés de leur domicile ; la plupart ne revoient leurs enfants qu'au moment des repas, ou le soir à la veillée, aux heures où la fatigue écrase, où le sommeil gagne après une pénible journée. A peine, dans ces courts instants de répit, les parents peuvent-ils échanger avec leurs enfants quelques paroles intimes et affectueuses[1].

Les mêmes nécessités contraignent souvent les parents à compter sur le salaire des enfants et à les assujettir à un travail prématuré pour les faire contribuer à l'entretien de la vie commune. Un bon sentiment légitime à leurs yeux l'impatience de voir ces jeunes enfants rapporter au logis un gain, même le plus modique : les uns veulent leur procurer une alimentation meilleure ou quelques vêtements ; d'autres sont désireux de les garder sous leur surveillance dans l'atelier. Egarés par ce sentiment, les parents sollicitent les patrons d'employer les enfants à la fabrication industrielle, sans compter avec l'insuffisance de leurs forces. Or, en anticipant ainsi sur l'âge d'aptitude au travail, on viole l'une des lois les plus rationnelles de la nature. Les travaux auxquels on occupe prématurément les enfants présentent sans doute

1. Nous résumons ici quelques-unes des considérations développées dans notre livre sur *la Vie morale et intellectuelle des ouvriers.*

quelques avantages immédiats, mais on se dissi-
mulerait en vain les funestes influences qu'ils
exercent sur le développement et la bonne con-
stitution des jeunes générations.

Parents et patrons, voulant dégager leur responsabilité, disent d'un commun accord : Il faut de
bonne heure former l'enfant à un métier pour qu'il
y acquière de l'adresse; puis, on épargne ses forces, on lui confie des besognes peu pénibles. Admet-
tons qu'il en soit ainsi : a-t-on réfléchi que ce
petit être, à qui la nature commande l'exercice
actif et au grand air, va rester là, dans un atelier
imprégné d'une atmosphère étouffante ou délétère,
douze heures durant chaque jour, quelquefois plus,
dans une immobilité constante? Mais ce qui est
plus grave, on emploie l'enfant, dans certaines
industries, à des travaux pénibles, on l'assujettit
à des efforts ou à des mouvements automatiques
qui dépriment son corps, déforment ses membres,
épuisent sa santé.

Peut-on d'ailleurs perdre de vue que le gain
d'un salaire ne tourne pas toujours au profit de
l'enfant? N'alimente-t-il pas moins souvent le
ménage qu'il n'encourage les dissipations du père?
Le devoir du chef, dans l'association fondée sur le
mariage, est de nourrir les faibles, la femme, les
vieillards, les enfants. Cette obligation légale et
morale est l'une des lois fondamentales de la
famille et des sociétés humaines. Or, en imposant

à l'enfant l'obligation de subvenir à ses propres besoins, on émousse les sentiments du père, on anéantit la notion d'une loi sociale. L'homme arrive ainsi à se déshabituer de l'accomplissement de ses devoirs les plus sacrés.

Les règlements particuliers d'un grand nombre d'ateliers, les vœux des sociétés industrielles, les avis des chambres syndicales, l'entente mutuelle des patrons et des ouvriers, peuvent faire autant et plus de bien en faveur des enfants que la loi elle-même. Là seulement où l'initiative bienveillante et éclairée des industriels, là ou le bon vouloir des patrons feraient défaut, la loi devra se montrer, nous ne disons pas sévère, mais ferme et inflexible dans son application. Ainsi, bien comprise et bien connue, la loi du 19 mai 1874 deviendra un contrat de bonne entente et de mutuel accord entre le législateur et les patrons pour l'accomplissement d'une œuvre utile et morale à la fois : mal comprise et mal accueillie, elle pourrait être pour ceux qui y sont soumis, une source de pénibles mécomptes.

C'est à un défaut de bon vouloir et de suffisante intelligence des vues généreuses du législateur qu'il faut attribuer les attaques dont la loi du 19 mai 1874 a été l'objet de la part de quelques intéressés. Déjà elle a successivement subi, sous l'influence de ces sentiments et de ces erreurs, diverses demandes de réforme, soit au Sénat, soit à la Chambres des députés. Ces propositions ont même quelque temps tenu en échec l'autorité de la loi devant l'opinion et ralenti les progrès de son exécution ; mais la défaite éclatante qu'ont subie les entreprises de ses adversaires à la Chambre des députés, dans la séance du 21 juillet 1876, a refoulé dans l'ombre leurs obscures attaques. Un actif mouvement s'est même produit, à la suite, en faveur d'une application plus complète d'une loi qui porte dans ses flancs, on le reconnaît généralement, des espérances de salut social. Partout on a hâte de rattraper, au profit des générations nouvelles, le temps inutilement consumé en hésitations et en débats stériles ; on songe enfin, au lieu de réformer la loi, à en tirer le bien que l'on en peut attendre.

« Sans doute, dit avec une profonde vérité le rapport de l'éminent président de la Commission supérieure [1], sans doute la législation de 1874 est susceptible de perfectionnement comme toute œuvre humaine ; mais la pratique seule apprendra quelles modifications il conviendra d'y apporter.» Cette question doit être réservée à un avenir encore lointain. L'heure présente appartient à l'action.

·Aujourd'hui qu'il s'agit d'entrer sincèrement et

---

1. Rapport de M. Dumas, président de la Commission supérieure de l'inspection, à M. le président de la République (26 janvier 1877, publié à l'*Officiel* du 27).

sans arrière-pensée dans les voies de la pratique, on ne saurait se dissimuler cette vérité :

La connaissance de la loi la rend bienveillante et salutaire; son ignorance peut être au contraire, pour l'industrie, un péril réel.

C'est dans le but de conjurer ce péril que ce petit livre est écrit. Il a l'intention non-seulement d'éclairer les esprits sur les dispositions et l'application de la loi, mais encore inspirer à tous les gens de cœur le désir de voir son influence se répandre par la persuasion et l'enseignement de son utilité.

Le but du *Manuel pratique* est donc de bien faire connaître la loi. Pour cela il fournit, dans sa première partie, une explication nette et précise de ses diverses dispositions; cette explication est corroborée et complétée par l'étude et les extraits indispensables des lois antérieures, des règlements d'administration publique et des circulaires ministérielles.

La seconde partie de l'ouvrage reproduit, dans leur intégrité, les textes des lois et des décrets, afin de faciliter le contrôle des explications précédentes et de permettre à chacun de se rendre un compte exact de l'ensemble de la législation sur la matière.

Notre commentaire de la loi s'attache d'abord à bien déterminer l'étendue de son application. A cet égard on portera une attention spéciale sur les définitions de l'*atelier*, du *travail industriel*, pour

apprécier le nombre et la limite des catégories
d'enfants soumises à la surveillance légale.

On remarquera encore, sur ce point, la corréla-
tion établie entre la loi du 22 février 1851, relative
au contrat d'apprentissage, et l'article 30 de la loi
nouvelle. Cet article en modifie profondément les
dispositions principales. Nous avons pris soin,
pour faciliter les éclaircissements sur cette délicate
question, de reproduire à l'Appendice de l'ouvrage
le texte intégral de la loi du 22 février 1851. On
se rendra ainsi aisément compte des distinctions
à faire entre les catégories d'apprentis non soumises à la loi nouvelle, et celles placées sous son
régime.

L'importance de ces distinctions et de cette étude
est d'autant plus grande que le caractère principal,
le but pratique des nouvelles prescriptions législatives est de porter dans les petits ateliers une
surveillance, et d'y assurer aux enfants une protection qui avaient été jusqu'ici négligées ou étaient
restées uniquement confiées aux patrons eux-
mêmes.

Les conditions d'âge d'admission des enfants dans
les ateliers, et de durée de leur travail, sont nettement fixées dans les chapitres I, II et III du *Manuel*. Il est essentiel qu'aucun doute ne subsiste,
dans l'esprit des chefs d'industrie, sur les règles
précises ni sur les moyens de justification et de
contrôle se rattachant à ces questions.

Le *Manuel pratique* fait ensuite une large part à l'explication des mesures relatives à l'instruction des enfants. Tous les industriels partagent ce sentiment si répandu aujourd'hui en France, que le développement de l'instruction populaire s'élève à la hauteur d'un grand intérêt national. Ils voudront, à n'en pas douter, se bien pénétrer de toutes les dispositions de la loi en cette matière; ils accepteront sans hésitation ni répugnances, dans l'accomplissement d'un devoir social, la charge qui leur est dévolue; animés d'un sentiment de patriotisme éclairé, ils apporteront une attention vigilante à l'exécution de toutes les prescriptions légales relatives à l'instruction de la jeunesse ouvrière.

On doit encore signaler les diverses dispositions relatives à la sécurité et à la salubrité des ateliers, à l'hygiène et aux bonnes mœurs, mises en relief dans cet ouvrage. La loi, on le reconnaîtra, a moins fait en cette matière une œuvre nouvelle que reproduit des mesures déjà adoptées par l'usage, et généralement conformes aux sentiments et aux exemples manifestés par la grande industrie.

Enfin, notre commentaire précise avec soin ce qui touche aux questions où il importe le plus d'aplanir toute difficulté pour assurer le bon fonctionnement de la loi, c'est-à-dire aux droits et aux devoirs réciproques des agents de l'autorité et des chefs d'ateliers dans l'application des mesures de surveillance. Les dispositions relatives à la juridiction, à la compétence, à l'échelle des pénalités y sont commentées. Les règles édictées par la loi nouvelle sont, sur ce point, par le rapprochement et l'explication des textes, mises en harmonie avec les principes généraux du Code d'instruction criminelle.

Nos observations sur les articles de la loi ont dû être présentées sans doute, d'une manière abrégée, dans un ouvrage tout élémentaire ; mais elles pourront devenir le point de départ d'études plus complètes et plus étendues.

Tel qu'il est d'ailleurs, ce *Manuel pratique* rendra quelques services, nous en avons l'espoir, non-seulement aux industriels, aux patrons et aux ouvriers auxquels il s'adresse plus directement, mais encore aux membres des commissions locales, aux inspecteurs et aux magistrats chargés d'appliquer la loi.

Notre but sera rempli, si nous avons pu faciliter cette application, éviter des malentendus, prévenir des froissements, coopérer enfin à donner à la loi plus d'efficacité en la faisant mieux comprendre, peut-être même aimer.

MANUEL PRATIQUE

CHAPITRE PREMIER.

Industries et ateliers soumis à la loi.

Les enfants et les filles mineures ne peuvent être employés à un travail industriel dans les manufactures, fabriques, usines, mines, chantiers et ateliers, que sous les conditions déterminées par la loi. (Art. 1er, loi du 19 mai 1874.)

Cette disposition généralise la loi nouvelle ; elle étend son application à tous les enfants et aux filles mineures employés par des patrons dans les différents genres d'industrie, sans distinguer, comme le faisait la loi antérieure, la nature du travail, le moteur de l'usine ou le nombre des personnes occupées dans l'atelier [1].

---

1. D'après la loi du 22 mars 1841 (art. 1er) la surveillance ne

Par le mot *enfant*, la loi entend les sujets des deux sexes jusqu'à l'âge de seize ans révolus.

Par le mot *filles mineures*, la loi entend les jeunes filles de seize ans à vingt et un ans révolus.

La définition de *l'atelier* a une très-grande importance dans l'application de la loi du 19 mai 1874, comme l'a démontré la discussion à l'Assemblée nationale. On doit entendre d'une manière générale par ce mot *atelier*, tout lieu où un enfant est employé, sous les ordres d'un patron, à un *travail industriel*, c'est-à-dire à la fabrication d'un produit ou d'un objet manufacturé destiné à la vente.

L'expression de *chantier* s'applique spécialement aux travaux de construction dans les diverses branches de l'industrie du bâtiment. Cette qualification a pour effet d'étendre la loi aux enfants employés, dans les lieux non clos ni couverts, à des travaux industriels qui échappaient jadis à l'application de la loi de 1841.

Par l'expression de *mines*, à laquelle doivent s'ajouter les qualifications de *minières* et *carrières*, la loi entend tous les travaux souterrains et non

---

s'exerçait que sur les enfants employés : 1° dans les manufactures, usines et ateliers à moteur mécanique ou à feu continu; 2° dans les ateliers réunissant plus de vingt ouvriers. Les filles mineures de seize à vingt-un ans et les femmes n'étaient dans aucun cas protégées. On s'en référait à la loi de 1810 à l'égard des travaux des mines, minières et carrières.

(Voir à l'Appendice la loi du 22 mars 1841 dont nous avons publié le texte.)

pas seulement ceux soumis déjà par la loi de 1810 à la surveillance de l'autorité.

L'application de ces dispositions a, il est vrai, donné lieu à plus d'une difficulté. On s'est notamment demandé où l'on devait s'arrêter dans la détermination des enfants soumis à la loi. Il y a là une question d'appréciation de la part des inspecteurs et des tribunaux.

Ainsi, un avis de la commission supérieure, pour bien marquer la séparation qui existe entre le travail agricole et le travail industriel, a considéré que les enfants employés, même en grand nombre, par des entrepreneurs dans le département du Nord, à l'arrachage et au sarclage des plantes oléagineuses, ne tombent pas sous l'application de la loi (séance du 10 juillet 1876[1]). La même question d'application de la loi aux enfants employés à Marseille par les peseurs publics et à ceux occupés comme commissionnaires par les horlogers de Besançon, a été également résolue négativement.

En sens inverse, le tribunal de la Seine a considéré que la loi était applicable aux enfants employés par les pâtissiers et les bouchers. (Jugements du tribunal de la Seine, octobre et novembre 1876.) Cependant, on pourrait élever des doutes,

1. En Angleterre un bill spécial protège les enfants qui y sont employés en bandes nombreuses, à certains travaux agricoles, par des entrepreneurs qui parcourent le pays et les entraînent souvent dans des régions fort éloignées de leur domicile.

d'une manière générale, sur l'extension de la loi
aux enfants employés dans les magasins où sont
vendus en nature ou transformés les objets de
consommation, et les produits divers de l'alimentation, tels que les boulangeries, les restaurants,
les épiceries, les boucheries, etc. Les besoins de
la consommation publique ont des exigences qui
ne sont pas toujours compatibles avec les prescriptions de la loi; et l'on ne peut, le plus souvent,
on doit le constater, trouver dans les travaux
auxquels on emploie les enfants dans les officines
où se préparent les produits culinaires et alimentaires, le caractère spécial de fabrication industrielle qui est spécialement visé par elle.

La question de surveillance n'est pas moins délicate quand il s'agit des jeunes ouvrières, notamment de celles employées dans les ateliers de couture. Or, l'on sait combien le nombre en est grand.
Il y a une distinction à établir, dans ce cas, entre
les ateliers qui confectionnent des objets destinés
à être mis en vente ultérieurement et ceux qui
exécutent des commandes pour des personnes déterminées, selon leurs besoins personnels. Tels
sont les ateliers des couturières, des modistes, des
brodeuses, etc. Les premiers seuls doivent être
assimilés à de véritables manufactures et tomber
sous l'application de la loi; quant aux autres, au
contraire, on reconnaît l'impossibilité de les soumettre à une réglementation permanente et rigou-

reuse. (Avis de la Commission supérieure, 1er décembre 1875 [1].)

Dans les usines et manufactures où l'on emploie des enfants étrangers, ces enfants sont soumis,

---

1. Voici les termes d'un avis ministériel du 12 février 1876 sur cette délicate question :

« Monsieur l'inspecteur, l'attention de l'Administration a été appelée sur les ateliers de couturières où les jeunes filles attirées par l'appât de salaires élevés, travaillent souvent quinze heures par jour, la nuit et le dimanche. A cette occasion, on a posé la question de savoir si les ateliers de couture tombent sous l'application de la loi du 19 mai. Le deuxième paragraphe de l'article 4 de cette loi interdit le travail de nuit aux filles mineures de seize à vingt-un ans, mais seulement dans les usines et les manufactures; les ateliers de couture semblent ainsi échapper au contrôle de la réglementation. La Commission supérieure du travail des enfants consultée a fait remarquer que, suivant elle, il y a une distinction à établir entre les ateliers de couture qui confectionnent à l'avance des objets destinés à être mis en vente ultérieurement et ceux qui exécutent une commande pour une personne déterminée, comme les couturières, les modistes, etc. Dans l'opinion de la Commission, les premiers doivent être assimilés à de véritables manufactures et rentrent dès lors sous l'application de la loi. Il serait, en effet, difficile d'arrêter le travail d'une industrie qui doit répondre aux exigences d'une clientèle souvent nombreuse et dont les besoins se manifestent, pour ainsi dire, au même moment. Ces travaux extraordinaires n'ont d'ailleurs qu'une durée très-limitée.

« En présence de ces considérations et d'après l'avis de la Commission, je ne puis que laisser à chaque inspecteur le soin d'apprécier, suivant les circonstances, dans laquelle des deux catégories définies plus haut doivent être classés les ateliers de couture qu'il visitera.

« Recevez, etc.

« *Le ministre de l'agriculture et du commerce,*

« *Signé :* C. DE MEAUX. »

comme les nationaux, aux prescriptions de la loi ;
sauf aux inspecteurs à user pour certains cas et
notamment, à l'égard des conditions d'instruction,
des tempéraments nécessaires. La question a été
résolue en ce sens par les inspecteurs des 1re, 3e,
5e, 11e et 14e circonscriptions. La Commission supérieure, par une résolution du 26 novembre 1875,
a également confirmé cette opinion en émettant
l'avis que la loi devait être égale pour tous. Ce
serait d'autant moins le cas d'affranchir les enfants
étrangers des prescriptions d'une loi de protection, qu'il pourrait en résulter cette conséquence
regrettable, que leur travail serait pour cette cause
plus recherché par certains industriels au préjudice du travail des nationaux. Toutes les nations
policées, protégent d'ailleurs aujourd'hui l'enfance, et l'on ne pourrait tolérer que le sol de la
France pût servir de refuge à des abus qui sont
réprimés chez d'autres peuples assurément moins
avancés que nous dans la voie du progrès et des
sentiments d'humanité.

Le nombre des enfants employés dans l'atelier
ou le chantier, ne doit plus entrer dans l'appréciation des agents chargés de relever les contraventions. L'emploi d'un seul enfant, même occupé
en qualité d'apprenti, soumet le patron à la loi.
Le contrat d'apprentissage ne soustrait même pas
l'enfant à la surveillance des inspecteurs (art. 31);
leur action, dit la circulaire ministérielle du

29 mai 1875, ne s'arrête qu'au seuil du foyer de la famille. Le législateur a voulu ainsi établir pour tous les ateliers et tous les enfants, une règle absolue d'égalité et de justice.

Les prescriptions tracées par la loi sont d'ailleurs imposées personnellement et sans distinction aucune de condition ou de qualité, à tous les industriels, propriétaires de manufactures ou chefs d'ateliers. Le législateur a voulu ainsi élever assez haut, pour qu'on ne pût les déplacer, les responsabilités qu'il a créées; il a étendu à tous d'une manière égale des obligations qui sont la simple pratique des devoirs inscrits dans la conscience de tous. A eux ensuite, chefs et patrons, à exercer vis-à-vis de leurs gérants, contre-maîtres et ouvriers, le contrôle nécessaire pour s'assurer que la loi est exécutée dans leurs ateliers; à eux, à fournir, à cet effet, toutes les instructions et facilités indispensables pour cette exécution.

CHAPITRE II.

Age d'admission dans les ateliers.

Les enfants ne peuvent être employés par des patrons, ni être admis dans les manufactures, usines, ateliers ou chantiers avant l'âge de douze ans révolus (Art. 2).

C'est là la règle générale ; la limite de l'âge d'admission, anciennement fixée à huit ans, est élevée à douze ans.

Toutefois, une mesure transitoire a autorisé les patrons à continuer à employer les enfants de huit à douze ans, admis dans leurs ateliers avant le 3 juin 1875, date de la mise en vigueur de la loi actuelle (Art. 31). On le remarquera d'ailleurs, cette exception ne s'applique qu'aux enfants qui ont continué à travailler dans le même atelier. On ne pourrait donc admettre au travail, avant l'âge de douze ans, un enfant se présentant devant un nouveau patron, sur ce motif qu'il aurait été précédemment employé dans d'autres ateliers avant le 3 juin 1875 ou depuis cette époque.

Exception, âge de dix ans.—Une disposition additionnelle à l'article 2, autorise, en faveur de certaines industries, l'admission des enfants dans les ateliers à l'âge de dix ans révolus.

Ces industries sont énumérées dans un décret, rendu le 27 mars 1875, en exécution de la loi.

Les enfants de dix à douze ans, dit l'article 1er du décret, peuvent, dans les conditions déterminées par la loi, être employés dans les industries dont la nomenclature suit :

1º Dévidage des cocons ;

2º Filature de bourre de soie ;

3º Filature du coton ;

4º Filature de la laine ;

5º Filature du lin ;

6º Filature de la soie ;

7º Impression à la main sur tissus ;

8º Moulinage de la soie ;

9º Papeterie (les enfants de dix à douze ans ne pourront être employés au triage des chiffons) ;

10º Retordage du coton ;

11º Tulles et dentelles (fabrication mécanique des) ;

12º Verrerie.

De nombreuses industries avaient réclamé la même faveur dans l'enquête ouverte à ce sujet par le Comité consultatif des arts et manufactures[1], mais on a cru devoir restreindre l'exception à celles ci-dessus désignées où le travail de l'enfant a paru être moins pénible. Cette nomenclature est donc limitative. On ne pourrait, sans s'écarter de l'esprit

1. Voir sur ce sujet les rapports publiés dans le *Recueil de législation* de MM. E. Tallon et G. Maurice, Librairie Baudry.

de la loi, accorder à d'autres industries la même faculté. On a tenu compte des circonstances locales, des usages industriels, des ménagements à garder dans un état de choses que l'œuvre du temps et l'amélioration des conditions de la production feront sans doute disparaître un jour[1].

Quant à la constatation de l'âge des enfants, elle sera établie par la production de leur acte de naissance; en outre, un livret leur sera ouvert du jour de leur admission dans l'atelier, nous aurons à nous expliquer plus en détail sur ces formalités qui sont réglées par l'article 10.

CHAPITRE III.

Durée du travail.

Les enfants, jusqu'à l'âge de douze ans révolus, ne peuvent être assujettis à une durée de travail de plus de six heures par jour, divisée par un repos.

1. Une résolution de la Commission supérieure du 7 décembre 1876, a repoussé la demande formée par les industriels de l'Oise tendant à admettre les enfants au-dessous de douze ans dans les fabriques de lacets, de chaussures, de brosses et de boutons. On considère en principe qu'il serait regrettable d'étendre la liste des

A partir de 12 ans, ils ne peuvent être employés plus de douze heures par jour, divisées par des repos (Art. 3).

La règle générale posée par cet article est la faculté d'emploi des enfants à douze heures de travail à partir de l'âge de douze ans. Toutefois cette durée, nécessitée par les besoins industriels, est considérée comme excessive dans un sens absolu; elle doit être tempérée par des intervalles de repos.

Cette disposition de la loi exclut formellement l'emploi des enfants à des heures de travail supplémentaires, si la journée complète est de douze heures; même en cas de chômage ou d'accident la règle est absolue.

Il ne faut pas perdre de vue qu'il ne saurait être permis aux industriels, d'excéder la durée du travail réglementaire par voie de compensation; de n'exiger, par exemple, le travail des enfants de dix à douze ans que tous les deux jours, sauf à les faire travailler douze heures; les prescriptions de la loi sur la durée du travail s'appliquent à chaque journée, elles ne sauraient être éludées (*sic.* Dalloz, v° *industrie*, n° 447.)

---

exceptions prévues par le règlement du 27 mars 1875. Toutefois la même résolution a accueilli cette tolérance à l'égard des enfants employés dans les corderies et les devidages de cotons, leur travail, sur l'avis des inspecteurs, n'entraînant ni fatigues ni inconvénients sérieux.

Repos. — Le législateur n'a pas cru devoir spécifier le nombre des repos, il doit être de deux au moins. Mais il est à désirer que ce nombre puisse être élevé à trois ou quatre si les exigences de la fabrication le permettent. On s'en est remis à cet égard aux usages ; ils varient suivant les localités et suivant la nature des industries.

Il en est de même à l'égard de la durée des repos, on la laisse déterminer par l'usage. Le repos doit cependant représenter un temps normal suffisant pour que l'enfant se délasse du travail et prenne sa nourriture; il varie en général de vingt minutes à une heure, selon qu'il s'agit des repos qui coupent la matinée et la soirée ou du repos de midi, dans lequel est compris le temps du principal repas.

Demi-temps. — L'exception du travail de six heures s'applique exclusivement aux enfants de dix à douze ans employés dans les industries, dont le décret du 27 mars (voir page 23) donne la nomenclature. Dans ces industries spéciales la pratique du *demi-temps* a paru possible. Il est d'ailleurs loisible aux industriels de s'y soustraire en n'employant que des enfants de douze ans. La limitation à six heures de travail s'applique aussi, comme nous le verrons plus loin, aux enfants de moins de quinze ans qui n'ont pas acquis l'instruction élémentaire.

La loi actuelle laisse au surplus subsister les

dispositions de la loi du 9 septembre 1848[1] qui limite d'une manière générale, à douze heures, le travail de l'ouvrier; elle y ajoute seulement, en faveur de l'enfant, la stipulation des repos pour diminuer cette longue durée. La modération de ces mesures doit rendre les industriels très-faciles sur l'étendue du temps des repos qu'ils auront à accorder à l'enfant.

La durée du travail ainsi réglée, ce travail doit, pour être considéré comme travail de jour, s'accomplir entre cinq heures du matin et neuf heures du soir (Art. 4).

CHAPITRE IV.

Interdiction du travail de nuit.

Enfants de moins de seize ans. — La loi nouvelle prohibe dans tous les ateliers, jusqu'à l'âge de seize ans révolus, l'emploi des enfants à un travail de nuit, c'est-à-dire à un travail fait entre neuf heures du soir et cinq heures du matin (Art. 4). Le travail doit donc cesser pour l'enfant à neuf

1. Voici les termes de la loi du 9 septembre 1848 : Art. 1er. La journée de l'ouvrier dans les manufactures et les usines ne pourra pas excéder douze heures de travail effectif. »

heures du soir, chaque jour, quelle que soit l'heure
à laquelle il a été commencé. Ce n'est point seulement une règle d'hygiène que le législateur a
voulu ainsi prescrire, en rendant la liberté à l'enfant, à l'heure normale du sommeil ce souverain
réparateur des forces humaines ; c'est encore une
règle morale qu'il a édictée : la rentrée, de l'atelier au domicile à une heure trop tardive, expo-
serait assurément l'enfant à des périls ou à des
entraînements funestes qu'on doit lui éviter.

Une disposition analogue figurait dans la loi
ancienne. Les industriels peuvent d'ailleurs, dans
leur propre intérêt, limiter autant que possible le
travail de nuit, il est en général médiocrement fait
et peu rémunérateur.

Exceptions pour certaines industries. — Des exceptions ont dû cependant être accordées en faveur
de certaines industries où la fabrication ne pourrait être interrompue, la nuit, sans un grave préjudice.

Ainsi dans les usines à feu continu, les enfants
pourront, d'après la loi, être employés la nuit *aux*
travaux indispensables (Art. 6). Cette tolérance ne
s'applique dans aucun cas à l'emploi d'enfants
âgés de moins de douze ans (Art. 6).

Il est bien entendu que la dénomination d'usines *à feu continu* ne s'applique pas à des usines
où les feux sont allumés pour faire marcher des
machines à vapeur, mais bien aux usines où les

feux sont entretenus d'une manière permanente et pour l'exécution d'un travail courant non interrompu, ainsi que cela se pratique, dans les verreries, les fonderies, les fours à puddler, etc. (Avis de la Commission supérieure du 23 juin 1874). En un mot, la qualification d'usines *à feu continu* s'applique à celles où le feu devient un élément direct de la fabrication et un agent indispensable de la transformation de la matière première.

Un règlement d'administration publique, en date du 22 mai 1875, a déterminé conformément au vœu de la loi, les travaux tolérés et le laps de temps pendant lequel ils doivent être exécutés dans les industries où il a paru indispensable d'admettre cette tolérance.

D'après ce décret :

Article premier. Les enfants du sexe masculin, de douze à seize ans, peuvent être employés la nuit dans les usines à feu continu dont la nomenclature suit :

Papeteries ;

Sucreries ;

Verreries ;

Usines métallurgiques.

Dans les papeteries, les enfants pourront être employés à aider les surveillants des machines et appareils, ainsi qu'aux opérations qui ont pour objet de couper, trier, ranger, rouler et apprêter le papier.

Dans les sucreries, les enfants sont autorisés à coopérer aux travaux de râperie suivants : alimenter le lavoir, secouer les sacs de pulpe, porter les sacs vides, présenter les sacs et les claies. Ils pourront être chargés de la manœuvre des robinets à jus et à eau et être appelés à aider les ouvriers d'état, en cas de réparations urgentes.

Dans les verreries, les enfants ne sont employés qu'aux travaux suivants : aider l'ouvrier qui moule et souffle le verre, porter les objets dans les fours à recuire, présenter les outils.

Dans les usines métallurgiques, les enfants pourront être employés comme aides aux opérations des fours à puddler et à réchauffer, à celles des fours d'affinerie et des fours de réduction, aux travaux de laminage et de martelage, à la fabrication du fer-machine et des objets en fonte moulée de première fusion.

Art. 2. Lorsque les enfants sont employés toute la nuit, leur travail doit être coupé par des intervalles de repos représentant un temps total de repos égal au moins à deux heures.

La durée totale du travail, y compris le temps de repos, ne peut d'ailleurs dépasser douze heures par vingt-quatre heures. Ces enfants ne peuvent être employés plus de six nuits par quinzaine, sauf dans les verreries où l'on travaille à la fonte [1].

La Commission supérieure, par décision du 16 juin 1876, a adopté l'addition suivante à l'ar-

---

1. « Nous ne pensons pas, dit le rapport du Comité consultatif des arts et manufactures, devoir motiver longuement les nombreuses éliminations que nous avons prononcées. Nous sommes partis de ce principe que, le travail de nuit étant une des plus fâcheuses nécessités de certaines opérations industrielles, il y avait lieu de l'interdire à l'enfant, dans tous les cas où cette nécessité ne serait pas clairement démontrée. La plupart des industries que nous avons écartées de notre nomenclature n'appartiennent pas à la catégorie des usines à feu continu, et votre sous-Commission ne

ticle 2 du règlement du 22 mai 1875 sur le travail de nuit : « Lorsque le travail de nuit sera partagé

voit aucune raison à autoriser un industriel qui travaille de nuit, soit pour satisfaire à des commandes urgentes, soit pour tirer un parti plus avantageux du capital qu'il a engagé, à employer pour ce travail des enfants de douze à seize ans, alors que la loi lui laisse le pouvoir de confier ce service, supplémentaire et non indispensable, à des enfants plus âgés. D'ailleurs, toutes les industries éliminées n'ont présenté qu'un nombre très-faible de pétitions, ce qui indique que leurs vœux ne sont point appuyés sur l'existence de besoins sérieux. Les documents joints au rapport fourniront tous les éléments nécessaires à la discussion de ces éliminations.

« Au contraire, les quatre industries sus-mentionnées, et que votre sous-Commission vous propose d'inscrire dans la nomenclature, rentrent évidemment dans la catégorie d'usines que le législateur a visée.

« Il est presque superflu de rappeler au Comité les raisons qui motivent, dans les usines métallurgiques et dans la verrerie, la continuité des feux. Ces raisons sont tirées de la haute température qu'il faut entretenir dans le haut fourneau, dans le four à puddler ou à réchauffer, dans le four de verrerie, température que l'on ne peut atteindre qu'au bout de plusieurs jours de chauffe et au prix de lourds sacrifices. Le temps nécessaire pour produire la température voulue a été accru dans ces derniers temps par la généralisation de l'emploi des fours du système Siemens, vastes appareils qui ne peuvent être mis en chauffe qu'à la suite de longs tâtonnements.

« Dans l'industrie de la sucrerie, la grande altérabilité de la matière mise en œuvre rend impossible la suspension du travail. De plus, la campagne doit être conduite avec activité. Il faut, en effet, qu'elle soit accomplie dans l'intervalle fort court de cent jours environ de durée, qui sépare l'époque de la récolte de la betterave de celle pendant laquelle les jus sucrés, par l'effet de la douceur de la température et de l'activité vitale des germes, deviennent susceptibles de fermenter.

« Le classement de l'industrie de la papeterie dans la catégorie des usines à feu continu se justifie par des raisons moins directes peut-être, mais assez sérieuses cependant pour que votre sous-

entre deux équipes, les enfants pourront travailler douze fois par quinzaine avec l'équipe de nuit à laquelle ils sont attachés. »

Une autre modification a été proposée, elle est ainsi conçue : « le travail est autorisé aux conditions fixées par l'article 1er du règlement le dimanche et les jours fériés dans les verreries, sauf de huit heures du matin à minuit. » La résolution de la Commission a été ajournée sur cette proposition pour s'éclairer par une enquête et spécialement s'informer de la manière dont on procède en pareil cas en Angleterre.

Le même décret exige que les chefs des industries sus-désignées affichent dans leurs ateliers un tableau, signé de l'inspecteur, indiquant l'emploi du temps des enfants et faisant connaître les heures de reprise et le système d'alternance des équipes, ainsi que les suspensions de travail (Art. 5. Décret du 22 mai 1873).

Chômage. Force majeure. — Aux exceptions spé-

Commission ait cru devoir les admettre. La température qu'il s'agit d'obtenir est sans doute peu élevée. Mais elle doit être répartie sur de vastes surfaces, dans des appareils nombreux et de forme compliquée; cette température ne pourrait être renouvelée dans ces appareils que par une grande dépense de vapeur. Il y a lieu de remarquer aussi que la feuille de papier ne saurait être abandonnée à elle-même lorsqu'elle est encore à l'état d'ébauche, et que l'arrêt de la machine entraînerait la perte de la matière encore engagée dans ses organes. La continuité des feux est donc justifiée par la grande diffusion du calorique et par les propriétés du produit fabriqué. »

ciales à certaines industries, il faut ajouter une exception plus étendue pour les cas de chômage résultant d'une interruption accidentelle et de force majeure (Art. 4).

Dans ce cas, l'industriel, victime de l'accident ou du fait de force majeure, signalera sa situation à la Commission locale de son arrondissement où à l'inspecteur de la circonscription. Les membres de la Commission ou l'inspecteur se transporteront sur les lieux, vérifieront la cause du chômage, et l'industriel obtiendra, après constatation, la levée temporaire de l'interdiction du travail de nuit. Il pourra ainsi récupérer le temps perdu.

Toutefois, l'industriel qui aura obtenu cette autorisation ne pourra employer au travail de nuit que des enfants âgés de douze ans révolus (Art. 4.). La circulaire ministérielle du 28 mai 1875 recommande aux inspecteurs *de n'accorder ces dispenses qu'après avoir été très-exactement renseignés sur les causes du chômage*, et elle insiste avec soin sur la nécessité de bien déterminer le délai de la dispense.

L'exception spécifiée dans la loi est au surplus limitative, elle ne pourrait être étendue arbitrairement aux *heures supplémentaires* que font les ouvriers ou les ouvrières dans beaucoup d'ateliers des grandes villes, aux époques où les commandes pressent. Ce surcroît de travail est fort recherché, il est vrai, à raison de l'augmentation de salaires qu'il procure. Mais le législateur a vu, dans cet appât même offert aux besoins de l'ouvrier, un grave danger; il a craint, en élargissant la tolérance du travail de nuit, d'ouvrir la porte aux abus.

Filles mineures. — La prohibition du travail de nuit s'applique aux filles mineures de 21 ans; elle est absolue pour cette catégorie d'ouvrières dans les usines et manufactures (Art. 4).

On doit donc soigneusement distinguer, à cet égard, le genre d'atelier où travaille l'ouvrière. La loi en spécifiant nettement, après une discussion approfondie[1], que cette interdiction s'applique aux *usines et manufactures seulement,* a par là même, laissé libre les travaux des ouvrières des petits ateliers. Tels sont ceux des couturières, modistes, brocheuses, plieuses de journaux, etc., pour lesquelles on a fait tant entendre de doléances lors de la discussion de la loi.

La nature du travail est aussi à prendre en considération. Ainsi la Commission supérieure a repoussé les pétitions qui lui ont été adressées par les chambres consultatives du Nord pour l'admission des filles de 16 ans au travail de nuit dans les fabriques de sucre. Un avis favorable a,

---

1. Voir discussion de la loi du 19 mai 1874. (Annales parlementaires).

au contraire, été émis pour que cette tolérance
soit accordée aux industries de la salaison et des
conserves. de poissons qui constituent l'une des
principales ressources des départements mari-
time. Ces industries exigent, sous peine de perdre un élément considérable de l'alimentation
publique, que toute la population se livre, à l'é-
poque des pêches, à des travaux de nuit et du dimanche. Ces travaux sont au surplus accidentels
ou temporaires. Toutefois la tolérance ne saurait
constituer un droit ni dégénérer en abus, elle doit
être strictement limitée aux cas où la conservation
du poisson exige un *travail non interrompu.* En
outre, des relais doivent être établis dans la durée
du travail, pour que les repos, nécessaires à la
santé des ouvrières, assurent les conditions hygié-
niques que la loi a pour but de sauvegarder.
(Avis de la Commission supérieure du 7 décembre 1876.)

Il est inutile d'insister sur le sentiment moral
qui a inspiré la prohibition du travail de nuit
pour les jeunes filles dans les usines et manufactures. Cette prohibition s'impose, à raison des
dangers résultant de l'éloignement, des marches
nocturnes, du contact d'ouvriers nombreux. L'a-
telier de couture, voisin du domicile, et tous autres
ateliers où les femmes sont occupées ensemble à
des travaux de leur condition, ont dû être, au
contraire, pour la tolérance du travail de nuit,

l'objet d'une exception que la réalité des faits explique et justifie pleinement.

CHAPITRE V.

Interdiction du travail le dimanche
et les jours fériés.

Enfants. — La loi interdit le travail dans les ateliers aux enfants âgés de moins de seize ans, les dimanches et les jours de fêtes légalement reconnues (Art. 5).

Cette disposition, reproduite d'après les lois de 1841 et de 1851, est inspirée par la pensée d'assurer chaque semaine aux enfants un jour de repos, dans le triple but : de favoriser le développement de leurs forces physiques, de raviver en eux les affections de famille, de leur faciliter l'acomplissement des devoirs religieux.

Les prescriptions de la loi relatives au repos dominical, ont le caractère d'un règlement de police intérieure des ateliers et d'une mesure d'éducation; elles sont à cet égard entièrement indépendantes des dispositions de là loi du 18 novembre 1814, et ne sauraient être atteintes ar les critiques que l'on a prétendu pouvoir élever contre celle loi au nom de la liberté de conscience.

Le jeune ouvrier ou l'apprenti, ne peut, sous aucun prétexte, être appelé ou retenu dans l'atelier le dimanche. La loi nouvelle a même supprimé la tolérance qui existait *pour le rangement de l'atelier* dans les maisons où l'on emploie des apprentis. Cette tolérance avait été une source d'abus. Le législateur a voulu les faire disparaître. La circulaire ministérielle du 29 mai 1875 déclare même que la prohibition du rangement de l'atelier comprend celle du nettoyage[1].

Les jours fériés ou jours de fêtes reconnues par la loi, sont spécifiés dans un arrêté du 29 germinal an X. Cet arrêté reconnaît, comme fêtes légales, outre les dimanches, Noël, l'Ascension, l'Assomp-

---

1. Toutefois, d'après un arrêté ministériel du 14 février 1876, une tolérance a été accordée pour l'emploi des enfants le dimanche au nettoyage des chaudières ; en voici les termes :

« La Commission supérieure consultée à ce sujet : considérant que l'emploi des enfants au nettoyage des chaudières le dimanche ne constituera qu'une rare exception applicable aux petits ateliers les plus dignes d'intérêt, a exprimé l'avis que la concession demandée pouvait être autorisée sous la réserve d'une déclaration préalablement faite par l'industriel, soit au maire de la commune, soit dans les grandes villes, au commissaire de police. Il sera retiré un récépissé de cette déclaration, et ce récépissé devra être présenté à l'inspecteur lors de sa plus prochaine visite.

« Vous pourrez accorder des tolérances dans les conditions et sous les réserves indiquées ci-dessus.

« Recevez, etc.

« *Le ministre de l'agriculture et du commerce,*

« *Signé :* C. DE MEAUX. »

3

tion et la Toussaint. L'usage a admis, en outre,
le premier jour de l'an comme fête; cependant, on
ne peut considérer qu'il existe pour ce jour-là de
prohibition de travail absolue[1].

Cultes dissidents. — On s'est demandé si l'interdiction du travail du dimanche devait être appliquée aux enfants d'un culte dissident, notamment
aux enfants du culte israélite. Cela n'est plus douteux aujourd'hui. Un amendement présenté par
M. Bamberger, pour faire autoriser les jeunes
israélites à travailler le dimanche, a été, en effet,
repoussé dans la discussion de la loi. On a pensé
qu'en France, le très-petit nombre des enfants
n'appartenant pas aux cultes chrétiens, catholique
ou protestant, était insuffisant pour motiver une
exception à la règle générale. On a craint l'abus
et le trouble qui eussent pu résulter d'une telle
tolérance pour l'application de la loi.

La même décision avait été prise en 1841 sur
l'avis d'un membre de la religion hébraïque,
M. Fould. (Dalloz v° industrie, n° 452.)

On ne saurait trop engager cependant les patrons, tout en observant scrupuleusement la règle
du respect du dimanche, à favoriser, autant que

---

1. Le tribunal de la Seine a condamné, le 11 novembre 1875, en
deux amendes de seize francs chacune, un imprimeur typographe et
un entrepreneur de fumisterie, qui avaient fait travailler le dimanche des enfants de moins de seize ans. (*Gazette des tribunaux* du
12 novembre 1875.)

possible, le samedi aux enfants du culte israélite l'accomplissement des prescriptions de leur religion.

Exceptions. — Néanmoins, dans les usines à feu continu, les enfants du sexe masculin pourront être employés les dimanches et jours fériés aux travaux indispensables (Art. 6).

Ces travaux ne sont autorisés que pour les jeunes garçons de douze ans au moins; on doit leur assurer, en outre, le temps et la liberté nécessaires à l'accomplissement des devoirs du culte (Art. 6).

Un décret (22 mai 1875) a déterminé, par application de la loi, les usines où le travail du dimanche serait toléré, ce sont : 1° les papeteries; 2° les sucreries; 3° les verreries; 4° les usines métallurgiques.

Dans ces diverses industries, les enfants ne pourront, au surplus, être employés le dimanche qu'aux travaux déjà spécifiés à propos du travail de nuit (voir page 29).

De plus, les enfants ne pourront être employés de six heures du matin à midi dans les sucreries et les verreries. Ils ne pourront être employés dans les papeteries et usines métallurgiques, de six heures du matin à six heures du soir (Art. 3, décret du 22 mai 1875).

L'ordre du travail du dimanche devra toujours être distribué, dans les usines où il est toléré, de manière à laisser les enfants satisfaire aux obligations dominicales (Art. 4, décret du 22 mai 1875).

Les industriels agiront prudemment en faisant approuver par l'inspecteur divisionnaire de leur circonscription ou par la Commission locale le règlement intérieur de leur usine qui distribuera les heures de suspension et de reprise du travail les dimanches et fêtes pour qu'elles soient en harmonie avec l'exécution de la loi.

Filles mineures. — La loi interdit l'emploi des filles mineures de moins de 21 ans à tout travail le dimanche et les jours fériés. Cette disposition est absolue et ne comporte aucune exception. Le législateur a cru devoir se montrer plus rigoureux quand il s'agissait des jeunes filles. Il a pris en considération leurs habitudes, leurs goûts, les sentiments de leur conscience. Dans l'usage, d'ailleurs, les jeunes filles ne sont point employées aux travaux des usines à feu continu auxquelles les exceptions de la loi s'appliquent exclusivement.

CHAPITRE VI.

Travaux souterrains. — Mines et Houillères.

Enfants. — Aucun enfant ne peut être admis dans les travaux souterrains des mines, minières et carrières avant l'âge de douze ans révolus. (Art. 7.)

Les conditions du travail des enfants, admis à cet âge, sont ainsi réglées par le décret du 12 mai 1875 :

ARTICLE PREMIER. La durée du travail effectif des enfants du sexe masculin, de douze à seize ans, dans les galeries souterraines des mines, minières et carrières, ne peut excéder huit heures sur vingt-quatre heures, coupées par un repos d'une heure au moins [1].

1. *Extrait du rapport du Comité consultatif des arts et manufactures.*

« Il résulte des renseignements fournis par les exploitants de mines, en réponse au questionnaire dressé par la Commission, que la durée du travail des enfants dans les galeries souterraines est normalement la même que la durée du travail des ouvriers adultes.

« Ce point était facile à prévoir. Diverses circonstances le justifient. Les enfants, en effet, descendent dans la mine ou remontent à la surface, au moyen des bennes qui circulent dans le puits d'extraction. Le relayage des enfants, en dehors des heures prévues pour le relayage des adultes, exigerait par conséquent un arrêt spécial dans l'extraction du minerai, ce qui porterait un préjudice notable à la production. Il faudrait, en outre, faire accompagner ces enfants dans leur descente ou leur ascension, toujours un peu périlleuses ; tandis que lorsqu'ils l'effectuent en compagnie des autres ouvriers, leurs parents pour la plupart, ils se trouvent beaucoup mieux gardés. Enfin, le trajet des enfants à travers les galeries étroites où circulent les trains de wagonnets, remorqués souvent par des chevaux, ne serait pas sans danger. En somme donc et sans parler du trouble occasionné au mineur par le changement de ses aides, le relayage des enfants, dans l'intervalle des heures fixées pour le relayage des adultes, offrirait, au point de vue de la sécurité même des enfants, plus d'inconvénients que d'avantages. Dès lors, on est conduit à accepter pour la durée du travail des enfants dans les mines la durée du travail des adultes.

ART. 2. Les enfants de douze à seize ans ne peuvent être occupés aux travaux proprement dits du mineur, tels que l'abatage, le forage, le boisage, etc.

Ils ne peuvent être employés qu'au triage et au chargement du minerai, à la manœuvre et au roulage des wagonnets, à la garde et à la manœuvre des portes d'aérage, à la manœuvre des ventilateurs à bras et autres travaux accessoires n'excédant pas leurs forces.

Les enfants employés à faire tourner les ventilateurs ne pourront y être occupés pendant plus de quatre heures, coupées par un repos d'une demi-heure au moins.

ART. 3. (*Disposition transitoire.*) Dans les mines où le service est actuellement réglé sur le pied de dix heures de travail effectif, les enfants pourront continuer d'être occupés dans les conditions fixées par l'article 2; mais seulement jusqu'au 1er janvier 1878; à partir de cette époque les enfants ne pourront travailler que huit heures sur vingt-quatre.

Les directeurs des houillères de Saône-et-Loire avaient demandé que dans les galeries où le travail, à raison de l'inclinaison du sol, nécessite des remblais, les enfants employés à ces remblais pussent travailler la nuit, comme dans les usines

---

Reste à savoir si cette durée n'est pas trop grande pour que le règlement puisse l'enregistrer. En fait, dans la plupart des exploitations minières, cette durée n'excède pas huit heures de travail effectif, coupées par une ou deux heures de repos. Dans un petit nombre de mines, ou l'on exploite jour et nuit, la durée du travail est de dix heures coupée par une ou deux heures de repos.

« La Commission pense que la première limite, celle de huit heures, qui est la règle générale, pourrait être inscrite comme maximum dans le règlement. »

à feu continu, afin d'éviter l'interruption de l'exploitation. Après divers rapports des inspecteurs divisionnaires, la commission supérieure n'a point été d'avis d'admettre cette tolérance d'une manière générale et permanente. Toutefois, les inspecteurs ont été autorisés à user temporairement d'indulgence à l'égard des industries minières, où la situation géographique rend difficile le recrutement du personnel, à la condition que, de leur côté, les directeurs des mines supprimeraient progressivement l'emploi des enfants aux travaux de nuit des remblais.

Une autre tolérance a été accordée à l'égard de l'entrée des enfants, à quatre heures du matin, au chantier avec les ouvriers ; cette infraction à la loi devra disparaître progressivement ; elle est, quant à présent, motivée par les graves inconvénients qu'il y aurait à faire descendre ces enfants dans les puits quand le travail d'extraction est commencé.

Dans les houillères de Saône-et-Loire et de l'Allier, où le travail se fait à trois relais, les enfants sont occupés environ huit heures par jour ; dans celles à deux relais, en supputant les repos, le travail effectif est de huit heures et demie. Il paraît donc facile, en faisant appel au bon vouloir des chefs d'industrie, d'arriver bientôt à une exacte application de la loi et du règlement du 12 mai 1875.

Il faut bien distinguer, d'ailleurs, dans les tra-

vaux des mines, notamment des houillères, ceux
qui se font dans les galeries, de ceux qui s'opèrent
à la surface sur ce que l'on appelle le *carreau* de
la mine. Ces derniers travaux ne rentrent point
dans les conditions prévues par l'article 7 de la loi ;
ils restent soumis aux prescriptions générales qui
régissent le travail industriel.

Filles mineures et femmes. — L'admission des
filles mineures et des femmes dans les travaux
souterrains est formellement interdite. On comprend, sans y insister, les motifs de convenance et
de moralité qui ont inspiré cette prohibition au législateur.

On remarquera toutefois que la loi élargit ici
d'une manière considérable le cadre des catégories d'ouvriers protégés en y inscrivant les femmes
de tout âge. Cette disposition semble même contraire au titre limitatif de la loi. Toutefois, cette
anomalie apparente disparaît si l'on se reporte au
projet primitif présenté à l'Assemblée nationale[1],
projet qui étendait la protection légale à toutes
les femmes sans distinction d'état civil ni d'âge. Le
projet primitif a été restreint, il est vrai, par les
délibérations de l'Assemblée ; mais on a maintenu
la prohibition, pour le cas spécial qui nous oc-

---

1. Voir la deuxième délibération de la loi dans le *Recueil de
législation* de MM. Tallon et G. Maurice, Paris 1875, Librairie
Baudry.

cupe, à raison du caractère si moral et si humain à la fois qu'elle présente.

On ne saurait d'ailleurs perdre de vue qu'aux termes même de l'article 15, toutes les mesures destinées à assurer dans les ateliers l'observation de la décence et le maintien des bonnes mœurs rentrent dans les prévisions de la loi nouvelle [1].

CHAPITRE VII.

Instruction primaire.

Obligation de l'instruction. — Toute l'économie des dispositions de la loi, relatives à l'instruction primaire, peut être ramenée à ces deux conditions :

1° Admettre l'enfant de douze ans, s'il justifie d'une instruction suffisante, à la pleine liberté du travail;

2° Astreindre l'enfant jusqu'à quinze ans, s'il n'a point encore acquis l'instruction, à fréquenter les écoles et l'y contraindre en limitant son travail à six heures par jour.

---

1. La Compagnie d'Anzin occupait au travail de nuit un certain nombre de jeunes filles; un délai de vingt jours lui a été accordé au début de l'année 1876 par l'Inspecteur divisionnaire pour faire cesser cette infraction à la loi.

La nécessité si pressante de développer en France l'instruction populaire justifie pleinement la rigueur apparente de ces prescriptions. Les patrons veilleront à leur exécution dans un sentiment élevé de patriotisme. Bientôt même, ils n'en sentiront plus le poids lorsque, à douze ans, tout enfant aura cessé d'être illettré.

L'obligation scolaire est inscrite dans la loi à l'égard des patrons seulement. La liberté du père de famille est entièrement respectée. Il est intéressant de lire, dans les discussions relatives à cet objet, devant l'Assemblée nationale, par quels motifs le législateur a traité le patron avec plus de rigueur que le père. L'autorité du patron ne s'exerce que par voie de délégation. « Les sentiments d'affection, on l'a dit avec raison, n'imposent point dans son cœur, comme dans celui du père, leur impérieuse autorité, garantie la plus certaine de l'accomplissement d'un devoir sacré. »

Les dispositions des articles 8 et 9 sont d'ailleurs empruntées, dans leur principe, à la loi de 1841 sur le travail des enfants dans les manufactures et à celle de 1851 sur l'apprentissage. La loi nouvelle innove en un seul point : elle édicte une sanction à l'obligation scolaire, en imposant l'emploi de l'enfant au demi-temps comme corollaire des prescriptions relatives à son instruction. Les lois antérieures, l'expérience l'a constaté, sont restées impuissantes à développer le progrès de l'enseignement primaire. Une sanction nette et précise peut seule donner à la loi, en pareille matière, l'efficacité qui lui a manqué jusqu'ici.

Nous rappelons textuellement les deux articles de la loi relatifs à l'*instruction primaire :*

ART. 8. Nul enfant, ayant moins de douze ans révolus, ne peut être employé par un patron qu'autant que ses parents ou tuteur justifient qu'il fréquente actuellement une école publique ou privée.

Tout enfant admis avant douze ans dans un atelier devra, jusqu'à cet âge, suivre les classes d'une école, pendant le temps libre du travail.

Il devra recevoir l'instruction pendant deux heures au moins si une école spéciale est attachée à l'établissement industriel.

La fréquentation de l'école sera constatée au moyen d'une feuille de présence, dressée par l'instituteur et remise chaque semaine au patron.

ART. 9. Aucun enfant ne pourra, avant l'âge de quinze ans accomplis, être admis à travailler plus de six heures chaque jour, s'il ne justifie, par la production d'un certificat de l'instituteur ou de l'inspecteur primaire, visé par le maire, qu'il a acquis l'instruction primaire élémentaire.

Ce certificat sera délivré sur papier libre et gratuitement.

On ne saurait trop appeler l'attention des industriels et des pères de famille sur l'exécution de ces dispositions de la loi. L'application en sera parfois difficile, nous ne le méconnaissons pas, et l'interprétation des textes, dans plus d'une circonstance,

deviendra fort délicate. Nous estimons, toutefois,
que les difficultés seront sûrement évitées par les
patrons, s'ils manifestent un entier bon vouloir
pour assurer l'instruction aux enfants placés dans
leurs ateliers. L'inspection ne pourra manquer de
tenir largement compte, surtout dans les premiers
temps, de leurs loyales intentions.

La création d'écoles spéciales annexées à la fabrique est le plus sûr moyen d'assurer l'instruction aux enfants, dans les ateliers éloignés des
écoles communales. Beaucoup d'industriels, en
France, sont déjà entrés dans cette voie, et sont
ainsi arrivés à une complète application de la loi.
On a aussi, comme à Toulouse, à Rouen, à Reims,
à Lille, à Nantes, distribué les heures des classes, dans les écoles communales ou libres, de manière à ce qu'elles correspondent avec la cessa-
tion du travail des fabriques, afin que les enfants
puissent les fréquenter. Ailleurs on a fondé des écoles de *demi-temps*. Ainsi à Saint-Denis, un avis de
la municipalité, du 1er février 1876, portait à la connaissance des propriétaires d'usines, fabriques et
ateliers occupant des enfants, soumis à l'application de l'article 9 de la loi du 19 mai 1874, que
deux écoles, dites de *demi-temps*, étaient ouvertes
dans la journée, l'une pour les garçons, l'autre
pour les filles. Les heures des classes y sont ainsi
fixées : le matin, de huit à onze heures ; le soir, de
quatre à sept heures ; à Toulouse des cours d'ap-

prentis ont été ouverts dans onze écoles publiques; ils ont lieu, pour les garçons, de cinq à sept heures du soir, et pour les filles de quatre heures et demie à six heures et demie. De tels exemples méritent bien de trouver des imitateurs. Des écoles spéciales ont également été établies dans les établissements industriels de l'État; à la manufacture des tabacs de Nantes, les enfants de douze à quinze ans suivent deux heures l'école, entre deux séances de travail à l'atelier de trois heures chaque.

La même division du temps de travail manuel et du temps consacré à l'étude, a été adoptée à Boulogne et dans plusieurs autres villes industrielles. Dans les houillères du Nord, l'organisation des écoles est plus satisfaisante encore : plusieurs compagnies minières assurent aux enfants quatre heures de classe par jour.

A Paris, M. Gréard, directeur de l'enseignement primaire, rappelle, dans une instruction du 20 décembre 1875, aux instituteurs de la Seine, les prescriptions des circulaires ministérielles, et il insiste particulièrement sur deux points : la sincérité des certificats d'instruction, et les facilités à fournir au contrôle des inspecteurs divisionnaires :

« Il est nécessaire, dit-il à ce sujet, que MM. les inspecteurs spéciaux puissent s'assurer par eux-mêmes de la fréquentation des écoles par les enfants employés dans l'industrie. Vous les admettrez, en conséquence, dans votre établissement, toutes les fois qu'ils estimeront leur contrôle nécessaire aux intérêts du service qui leur incombe.

« D'autre part, les maires sont tenus de délivrer aux père, mère et tuteur, un livret sur lequel sont portés les nom et prénoms de l'enfant, la date et le lieu de sa naissance, son domicile, le temps qu'il a passé à l'école. La dernière indication ne pouvant être donnée qu'avec votre aide, vous aurez à fournir exactement au maire tous les renseignements dont il pourra avoir besoin pour établir le livret. »

Par une nouvelle circulaire du 7 janvier 1876, a été prescrite l'enquête que nous avons précédemment signalée; elle posait les questions suivantes aux maires des communes du département de la Seine :

1° Quel est dans votre arrondissement le nombre des enfants, garçons ou filles, ayant moins de douze ans révolus, qui sont employés par un patron ou admis dans un atelier, et qui ne fréquentent aucune école publique ou libre?

2° Si ces enfants sont plus particulièrement agglomérés dans certaines régions de votre arrondissement, et quelles sont ces régions?

3° S'il ne serait pas nécessaire ou tout au moins utile, eu égard à l'insuffisance de l'instruction de ces enfants et aux habitudes résultant de leur genre de vie, de créer pour eux des classes spéciales?

4° Quels seraient les locaux scolaires où ces classes spéciales pourraient être établies?

5° S'il ne serait pas possible, enfin, d'organiser des classes de demi-temps, de telle sorte que les garçons fussent admis aux cours le matin, les jeunes filles le soir ou inversement?

Cette enquête a établi pour chaque quartier de Paris le nombre des enfants auquel s'applique la loi, et les meilleures conditions possibles de son application. Il a été reconnu que dans certains quartiers il devenait nécessaire, à raison de l'agglomération des enfants travaillant dans les fabriques, des habitudes imposées par leur travail et de l'insuffisance de leur instruction, de créer des classes spéciales à leur usage dans les écoles de la ville.

C'est à la suite de ces enquête et circulaires qu'ont été prises, dans les écoles communales du département de la Seine, les mesures réglementaires, qui, actuellement, concilient la fréquentation des classes avec les nécessités du travail industriel et qu'ont été établies sur certains points les écoles de demi-temps dont nous avons signalé la création.

De son côté, l'initiative privée n'est point restée oisive dans le département de la Seine, et ce serait une longue nomenclature à faire que d'énumérer les nombreuses écoles ou les cours spéciaux qui ont été créés soit par les industriels eux-mêmes, soit par les chambres patronales, soit par les as-

sociations charitables sous l'influence bienfaisante
de la loi et la surveillance active de l'inspection.

Pour favoriser le développement si désirable des
écoles de fabriques, il paraît indispensable de laisser aux industriels la liberté de confier la direction de ces écoles à des instituteurs choisis par
eux et investis de leur confiance particulière. Ce
serait assurément pousser trop loin les exigences,
qu'imposer aux chefs d'industrie l'obligation de
placer exclusivement à la tête de leurs écoles, des
instituteurs diplômés et brevetés, ou d'en laisser la
nomination à l'administration départementale :
l'insuffisance du personnel enseignant ne pourrait
d'ailleurs le permettre. Tel est le sentiment exprimé par la Commission supérieure. D'après son
avis, les industriels peuvent confier la direction de
l'école attachée à leur usine, à des contre-maîtres
qui auront dès lors le caractère des maîtres-ad-
joints ou des instituteurs de hameau non brevetés. Ces maîtres seront autorisés à délivrer aux
enfants les certificats d'instruction. Les inspecteurs de l'enseignement primaire exerceront sur
eux leur contrôle, et s'assureront de la régularité
de leur service et de la bonne tenue de leurs classes. (Séance de février 1877.)

Fréquentation des écoles. Certificat d'instruction[1].

---

1. Une circulaire, adressée le 20 juillet 1875 par M. Wallon, ministre de l'instruction publique, à MM. les préfets, détermine nettement

— D'après la circulaire de M. le ministre de l'instruction publique adressée aux préfets le 20 juil-

les devoirs imposés aux instituteurs et aux inspecteurs primaires, par la loi du 19 mai 1874. En voici les principales considérations :

« La production des certificats a pour objet de permettre de vérifier si les prescriptions de la loi relatives à l'instruction primaire sont exactement observées. Il est vivement à désirer que ces dispositions reçoivent une sérieuse exécution et je vous prie de donner connaissance aux inspecteurs et aux instituteurs de votre département des nouveaux devoirs que la loi leur crée.

Instituteurs.

« Un certain nombre d'instituteurs n'ayant pas encore reçu d'instructions spéciales, ont cru devoir refuser la feuille de présence prescrite par l'article 8. D'autres n'ont pas cru pouvoir délivrer, sans autorisation, le certificat mentionné à l'article 9. Ces maîtres ont demandé des instructions à leurs supérieurs hiérarchiques, ce qui a amené des lenteurs et des retards fâcheux, tant pour les enfants que pour les patrons.

« Vous voudrez donc bien, monsieur le préfet, faire savoir aux instituteurs que :

1° « Dans le cas où des enfants employés dans une manufacture ou dans un atelier vont à l'école, l'instituteur ou l'institutrice devra signer tous les samedis la feuille de présence, en ayant soin de mentionner, s'il y a lieu, les jours d'absence; cette feuille sera remise au patron ;

2° « Dans le cas où des enfants ne vont plus à l'école et qu'ils sont suffisamment instruits, l'instituteur ou l'institutrice devra, après leur avoir fait subir un sérieux interrogatoire, leur délivrer un certificat constatant le degré de leur instruction. Ce certificat sera délivré sur la propre responsabilité de l'instituteur ou de l'institutrice et visé par le maire.

« Vous aurez soin, toutefois, de faire comprendre aux instituteurs combien il importe, pour que la loi produise les effets bienfaisants qu'on est en droit d'en attendre, que ces attestations soient sincères et ne soient délivrées qu'à des enfants ayant véritablement « acquis l'instruction primaire élémentaire », c'est-à-dire

let 1875, voici les principales règles à observer pour constater la fréquentation des écoles. On pourra faire usage, pour cette constatation, soit de feuilles hebdomadaires, soit, ce qui est préférable, de petits cahiers qui devront être mis dans chaque mairie à la disposition des chefs d'ateliers. Ces feuilles ou cahiers seront remis aux enfants, l'instituteur y marquera chaque jour leur présence et

possédant une connaissance suffisante des matières indiquées dans le paragraphe premier de l'article 23 de la loi du 25 mars 1850. Tout certificat de complaisance, toute fraude commise par les instituteurs dans l'exercice du droit que la loi leur confère, serait une faute grave que vous n'hésiterez pas à réprimer très-sévèrement.

Inspecteurs divisionnaires.

« Pour assurer l'application de la nouvelle loi, il a paru indispensable que MM. les inspecteurs divisionnaires institués par l'article 16, puissent s'assurer par eux-mêmes de la fréquentation des écoles par les enfants employés dans l'industrie. En conséquence, j'ai décidé, sur la demande de mon collègue M. le Ministre de l'agriculture et du commerce, que toutes les facilités possibles seraient données à ces fonctionnaires pour l'accomplissement de leur mission. Vous voudrez bien, M. le Préfet, vous entendre avec M. l'inspecteur d'académie pour que les inspecteurs divisionnaires puissent pénétrer dans les écoles toutes les fois qu'ils le jugeront nécessaire aux intérêts de leur service.

Maires.

« D'après l'article 10, § Ier, les maires sont tenus de délivrer au père ou tuteur, un livret sur lequel sont portés les nom et prénoms de l'enfant, la date et le lieu de sa naissance, son domicile, le temps pendant lequel il a suivi l'école. La dernière indication ne pouvant être donnée par les maires qu'avec l'aide des instituteurs, ceux-ci devront s'empresser de fournir aux maires

les signera à la fin de chaque semaine. Les cahiers ou feuilles seront alors représentés au patron dont le contrôle s'exercera par la constatation des mentions régulièrement inscrites par l'instituteur.

Si l'instituteur refuse sa signature, le patron doit s'enquérir du motif du refus, et, au besoin, en référer à l'inspecteur primaire. Il doit également-

les renseignements dont ils auront besoin pour établir le livret dont il s'agit.

Inspecteurs primaires.

« En ce qui concerne MM. les inspecteurs primaires, l'article 9 leur confère le droit de délivrer le certificat constatant que les enfants ont acquis l'instruction primaire; mais il est à présumer que cette attestation sera dans la pratique demandée à l'instituteur, qui a aussi le droit de la délivrer et qui se trouve en rapport avec les familles.

L'article 22 relatif aux commissions locales, dont les membres sont nommés par le préfet sur une liste de présentation arrêtée par le conseil général, prescrit de faire entrer autant que possible un ingénieur de l'État ou un inspecteur de l'instruction primaire dans chaque commission locale. Il est bien désirable, vous le reconnaîtrez avec moi, que MM. les inspecteurs primaires soient appelés à faire partie de ces commissions.

« Je ne doute pas, d'ailleurs, que lorsque ces fonctionnaires seront désignés, ils ne fassent tous leurs efforts pour répondre par un dévouement absolu, à la confiance qui leur aura été témoignée. Leur connaissance spéciale des écoles leur permettra, de plus, de rendre d'utiles services.

« Vous voudrez bien m'accuser réception de la présente circulaire.

« Recevez, monsieur le préfet, etc.

« *Le ministre de l'instruction publique, des cultes et des beaux arts,*

20 juillet 1875.   « H. WALLON. »

ment justifier des empêchements divers qui n'auraient pas permis d'assurer l'instruction aux enfants.

L'inspecteur devra visiter les enfants dans les
écoles publiques ou privées, afin de se renseigner
sur les progrès qu'ils peuvent faire, et de s'assurer, dans les écoles primaires et dans celles qui
spécialement sont attachées aux établissements
industriels, que les prescriptions de la loi sont
fidèlement observées. Si les enfants ne vont plus
à l'école et ont reçu l'instruction primaire, l'instituteur devra, après leur avoir fait subir un examen,
leur délivrer un certificat constatant le degré de
leur instruction. Ce certificat, légalisé par le tim-
bre de la mairie, justifiera définitivement, entre
les mains du patron, que l'enfant a reçu l'instruction réglementaire; il sera, du reste, délivré sous
la responsabilité de l'instituteur; mais à l'égard
du patron, il le dégagera de toute autre obligation; celui-ci devra seulement le présenter à toute
réquisition de l'inspecteur pour être en règle.

La sincérité du certificat pourra d'ailleurs être
contrôlée soit par l'inspecteur de l'enseignement
primaire, soit par les inspecteurs du travail. On
a prétendu, à tort, que l'industriel devait inter-
roger les enfants et vérifier les certificats. Cette
opinion est excessive; elle déplacerait les responsabilités. On doit supposer que l'instituteur accom-
plit son devoir, et, s'il y manque, il ne peut rele-

ver que du contôle de ses chefs hiérarchiques. Il
comprendra mieux que tout autre quelle valeur
s'attache à la sincérité de son attestation.

« Il importe, disait la circulaire ministérielle,
pour que la loi produise les effets bienfaisants
qu'on est en droit d'en attendre, que ces attestations soient sérieuses et ne soient délivrées qu'à
des enfants ayant véritablement acquis l'instruction primaire élémentaire, c'est-à-dire possédant
une connaissance suffisante des matières indiquées
dans le premier paragraphe de l'article 27 de la loi
du 15 mars 1850[1]. Tout certificat de complaisance,
toute fraude commise par l'instituteur dans l'exercice du droit qui lui est conféré, serait une faute
grave qui nécessiterait une répression sévère. »

Si la sincérité réclamée par la circulaire est facile à obtenir des maîtres qui ont le sentiment de

---

1. Des réclamations ayant été présentées sur ce programme de
la part de MM. les préfets, une nouvelle circulaire du 18 février 1876
vint affirmer de nouveau la portée que M. le Ministre de l'Instruction publique entendait donner à la loi.

« Monsieur le préfet,

« Vous me faites l'honneur de me signaler un commentaire sur
la loi du 19 mai 1874, publié par le journal *la Réforme du bâtiment* (n° du 15 décembre 1875), dans lequel un inspecteur du
travail des enfants propose le modèle du certificat à délivrer par
l'inspecteur primaire ou l'instituteur, conformément à l'article 9 de
la loi précitée, aux apprentis âgés de moins de quinze ans.

« Ce certificat serait ainsi conçu : « Je soussigné..., etc., certifie
« que le jeune.... a reçu l'instruction primaire élémentaire, c'est-

leurs devoirs professionnels, le programme des connaissances demandées aux élèves ne pourrait pas

« à-dire qu'il sait lire, écrire et faire les quatre règle élémen-
« taires de l'arithmétique. »

« Vous me demandez si ce fonctionnaire, en proposant ce modèle, a exactement interprété la loi.

« Je ne le pense pas. L'article 9 est formel : tout enfant ne peut, avant quinze ans accomplis, être admis à travailler plus de six heures par jour, s'il ne justifie, par la production d'un certificat de l'instituteur ou de l'inspecteur primaire, visé par le maire, qu'il a acquis l'instruction primaire élémentaire.

« Lors de la troisième délibération de la loi, l'honorable rapporteur, M. E. Tallon, s'exprimait ainsi : « Nous voulons que l'enfant « justifie de l'instruction nécessaire pour être admis à travailler « la journée complète de douze heures par jour; nous le deman- « dons pour presser sa famille de lui faire acquérir cette instruc- « tion. »

« Quel est donc le minimum d'instruction primaire élémentaire que doit avoir acquis nécessairement l'enfant âgé de moins de quinze ans, qui voudra travailler plus de six heures par jour?

« C'est incontestablement l'instruction portant sur l'ensemble des matières que la loi indique comme devant *être obligatoirement enseignées dans les écoles.*

« Or, ces matières ont été déterminées par l'article 23 de la loi du 15 mars 1850, § Ier et l'article 16 de la loi du 10 avril 1867.

« Ces articles sont ainsi conçus (Loi de 1850, art. 23) :

« L'enseignement primaire comprend :

« L'instruction morale et religieuse.

« La lecture,

« L'écriture,

« Les éléments de la langue française,

« Le calcul et le système légal des poids et mesures. »

(Loi de 1867, art. 16) : « Les éléments de l'histoire et de la géographie de la France sont ajoutés aux matières obligatoires de l'enseignement primaire. » Si le législateur a, en vue de protéger l'enfance, dû déterminer la somme de travail qu'on peut lui imposer et fixer l'âge où elle pourra supporter la même charge que l'adulte, il s'est aussi proposé de répandre l'instruction pour faire des ouvriers

être aussi aisément exigé d'eux dans l'état actuel de l'instruction populaire.

Si l'on s'en référait, en effet, à l'application de la loi de 1850, complétée par celle du 10 avril 1867, le programme d'étude comprendrait, d'après l'article 23 de cette loi : *la lecture, l'écriture, les éléments de la langue française, le calcul et le système des poids et mesures.*

Il pourrait comprendre en outre, *l'arithmétique appliquée aux opérations pratiques; les éléments de l'histoire et de la géographie ; des notions des sciences physiques et de l'histoire naturelle applicables aux usages de la vie; des notions élémentaires sur l'agriculture, l'industrie et l'hygiène; l'arpentage, le nivellement, le dessin linéaire; le chant et la gymnastique.*

On voit combien serait peu compatible l'appli-

---

plus intelligents et plus habiles. Il a tenu à former l'âme et l'intelligence de l'enfant, voulant ainsi l'armer physiquement et moralement avant de l'abandonner à lui-même et aux hasards de la vie.

« Cette pensée, monsieur le préfet, vous la retrouverez à chaque page de la discussion que j'ai pris la peine de relire avec la plus scrupuleuse attention.

« Vous devez donc donner des instructions précises à MM. les inspecteurs primaires et aux instituteurs de votre département ; ils devront délivrer des certificats indiquant que l'enfant a reçu l'instruction primaire élémentaire édictée par les articles 23, § Ier, de la loi de 1867 et 16 de la loi du 10 avril 1867.

« *Signé :* WALLON. »

Paris, 16 février 1876.

cation d'un tel programme avec les exigences du travail industriel et les conditions intellectuelles d'un grand nombre d'enfants. Aussi la circulaire précitée a-t-elle soulevé de vives réclamations; ces réclamations se sont même traduites, dans les assemblées, en demandes de réforme de la loi.

Un examen pratique de la loi du 19 mai 1874, a ramené les appréciations contradictoires qui étaient faites de ses dispositions à une plus juste mesure. Le législateur, en inscrivant dans les articles 8 et 9 de la loi des prescriptions qui imposent le devoir de donner aux enfants l'instruction primaire, y a ajouté, on ne saurait le perdre de vue, un tempérament : il n'exige d'eux que l'*instruction primaire élémentaire*. Cette expression *élémentaire* constitue une dérogation intentionnelle aux exigences des lois du 15 mars 1850 et de celle du 10 avril 1867, préparées dans un autre ordre de faits, en vue du développement progressif de l'instruction publique. C'est donc une série de connaissances moins étendues, mieux appropriées à la condition générale des jeunes ouvriers, en un mot, un but plus modeste que le législateur de 1874 s'est proposé d'atteindre. Nous le rappelons avec d'autant plus d'insistance, que la circulaire ministérielle s'est armée de nos propres paroles pour motiver son opinion, en leur donnant, il est vrai, une portée exagérée. Nous ne nous étions nullement dissimulé les difficultés que les mesures relatives à l'instruction, inscrites dans la loi du 19 mai 1874, devaient rencontrer à l'épreuve de la pratique, et nous n'avons jamais perdu de vue la nécessité de les aplanir.

L'opinion que nous exprimons ici est d'ailleurs fortifiée par l'avis autorisé des administrateurs départementaux et des inspecteurs divisionnaires des régions les plus industrielles.

La Commission supérieure à son tour, pour mettre fin à toute difficulté sur l'application des articles 8 et 9 de la loi, a pensé que l'on devait simplifier autant que possible le programme de l'instruction primaire élémentaire des jeunes ouvriers. A cet effet, dans sa séance du 16 juin 1876, elle a émis le vœu qu'une entente s'établit entre les deux départements de l'instruction publique et du commerce, pour donner aux instituteurs et aux inspecteurs primaires des instructions plus conformes aux intentions du législateur que celles exposées dans la circulaire ministérielle du 20 juillet 1875.

Examinant à nouveau la question dans sa séance du 6 décembre 1876, la Commission supérieure a arrêté le programme des connaissances à exiger des enfants employés dans l'industrie, ce sont : « *l'instruction morale et religieuse, la lecture, l'écriture, les trois premières règles de l'arithmétique, la connaissance pratique du système métrique.* » L'adoption de ce programme a fait l'objet

4

d'une circulaire ministérielle du 20 février 1877 [1].
Les connaissances à exiger des enfants sont donc
aujourd'hui bien déterminées. La circulaire ministérielle a toutefois, en déclarant qu'elle statuait à
titre provisoire, réservé l'avenir. Puissent les progrès généraux de l'instruction, dans l'ensemble
du pays, autoriser bientôt les exigences d'un programme d'instruction plus élevé et plus complet!
A l'heure présente, il serait excessif de le réclamer.

1. Voici les termes de cette circulaire :

« La Commission supérieure du travail des enfants et des filles
mineures employés dans l'industrie, saisie par mon collègue,
M. le ministre de l'agriculture et du commerce, de diverses réclamations qui lui avaient été adressées, a émis, à l'unanimité, le
vœu « que le programme des connaissances à exiger des enfants
« des manufactures ne comprît, pour le moment du moins, que
« l'instruction morale et religieuse, la lecture, l'écriture, les trois
« premières règles de l'arithmétique et la connaissance pratique
« du système métrique. »

« L'interprétation de la loi que j'ai donnée, après avis du Comité
consultatif de l'enseignement primaire, aux termes de l'article 9 de
la loi du 19 mai 1874, est absolument régulière, et je ne saurais
la modifier aucunement. Toutefois, en présence de la demande de
M. le ministre de l'agriculture et du commerce, chargé plus spécialement d'assurer l'exécution de la loi du 19 mai 1874, et en
ayant égard aux graves intérêts engagés dans la question, il m'a
paru nécessaire d'apporter provisoirement quelques tempéraments
à la mise en pratique de la loi nouvelle. J'ai donc adopté le programme de la Commission supérieure, plus proportionné pour le
moment, je le reconnais, au degré d'instruction actuelle des jeunes
ouvriers.

« Vous voudrez donc bien, monsieur le préfet, donner des instructions en ce sens à MM. les inspecteurs primaires et instituteurs de
votre département. Je le répète, cette mesure est essentiellement

Les instituteurs choisis par les industriels, dans les conditions que nous avons déjà indiquées, sont nommés par les préfets, sur la présentation des inspecteurs d'académie. La Commission supérieure a émis l'avis qu'ils aient le droit de délivrer des certificats ; elle estime également que les écoles de fabriques peuvent être dirigées par les religieuses des congrégations, pourvues de lettres d'obédience.

provisoire, et j'attends les plus heureux résultats de l'application régulière de la loi précitée pour le progrès de l'instruction primaire. Je ne doute pas d'ailleurs qu'il ne soit possible, dans un avenir prochain, de suivre les instructions du 20 juillet 1875.

« La loi de 1874 a déjà obtenu d'heureux résultats ; déjà de grands industriels ont eu la généreuse pensée d'ouvrir dans leurs usines des écoles libres. Le nombre de ces dernières dépasse cent cinquante, et, dans un seul département, quatorze ont été établies. Divers fabricants, dont le personnel restreint ne permettait pas la création d'une école spéciale, ont établi, à frais communs, des écoles qui reçoivent, à des heures déterminées, prises sur le temps du travail, les enfants illettrés des différentes fabriques.

« La Commission supérieure, frappée des progrès ainsi réalisés, a émis le vœu que les instituteurs choisis par les industriels soient assimilés aux instituteurs adjoints chargés des écoles de hameaux, et puissent, par suite, délivrer des certificats d'études élémentaires.

« Je me suis empressé d'accueillir cette demande, et je vous prie de prendre à cet égard les mesures que vous jugerez nécessaires.

« Agréez, monsieur le préfet, etc.

« *Le ministre de l'instruction publique.*

« *Signé* : WADDINGTON. »

Paris, 20 février 1877.

Les instituteurs libres, non attachés aux écoles de fabriques, sont-ils également autorisés à délivrer des certificats d'instruction ?

Cette question a reçu de la Commission supérieure une réponse affirmative (5 juillet 1876). Une Commission locale avait pensé que ces certificats devaient être soumis au contrôle de l'inspecteur primaire. Il n'y a pas lieu d'établir de différence entre les certificats suivant leur provenance ; seument ils sont tous assujettis à la vérification de leur sincérité par l'examen des enfants auxquels ils ont été délivrés.

Doit-on considérer comme valables, des certificats d'instruction délivrés aux enfants étrangers par les instituteurs étrangers et visés par les autorités de leur lieu d'origine ? Cette question a été résolue affirmativement (5 juillet 1876).

On constate, assez fréquemment à la vérité, l'incapacité de certains enfants, par suite d'infirmités physiques ou intellectuelles, à recevoir les notions de l'instruction primaire la plus élémentaire. Peut-on, dans ce cas, autoriser ces enfants à l'âge de douze ans à travailler la journée entière sans fréquenter l'école ?

La question ainsi posée a été résolue affirmativement par l'inspecteur de la septième circonscription ; il en a soumis la solution à la Commission supérieure qui s'est également prononcée pour cette tolérance. Toutefois, pour éviter l'abus et le mauvais vouloir, il semble nécessaire de faire constater l'état de l'enfant par un examen médical.

En s'en tenant strictement à la lettre de l'article 9, il semblerait que les enfants illettrés, de douze à quinze ans, ne travaillant qu'au demi-temps, ne seraient point assujettis à fréquenter l'école.

Cette interprétation, acceptée par la Commission supérieure, a été énoncée dans une circulaire adressée le 10 juillet 1876 aux inspecteurs; elle se fonde sur ce que les enfants après leur travail échappent à la surveillance des chefs d'industrie. La responsabilité de ceux-ci doit dès lors être dégagée. Malgré la valeur de cette considération, nous voudrions voir donner à la loi une interprétation plus large. Les enfants travaillant au demi-temps, ont à subir, comme les autres, les funestes effets du vagabondage de la rue, s'ils ne sont pas envoyés à l'école à la sortie de l'atelier. Les patrons peuvent agir auprès des parents pour éviter ces dangers; la tutelle morale qu'ils exercent sur les enfants, leur impose ce devoir. En envisageant d'ailleurs la loi dans son esprit, la prescription édictée par son article 8, s'applique d'une manière générale et sans distinction, à tous les enfants de douze à quinze ans.

Faisons-le toutefois observer, on ne peut entendre l'expression *le temps libre du travail*, dans un sens trop absolu; cette expression n'implique pas la présence aux écoles pendant tout ce temps, mais seulement l'assiduité aux classes pendant les deux heures réglementaires (Avis de la Commission supérieure, du 16 juin 1876).

On s'est demandé si l'on ne pourrait pas faire travailler la journée entière des enfants illettrés, de douze à quinze ans, à la condition de leur faire suivre deux heures de classes chaque jour? Assurément non : cette faculté, admise par la loi de 1841, serait en contradiction ouverte avec l'esprit et le texte de la loi du 19 mai 1876. La Commission supérieure, examinant cette proposition, présentée par la Commission locale de Dunkerque (séance du 7 décembre 1876), a estimé qu'on ne saurait ériger en droit une infraction formelle à la loi, mais elle a pensé aussi qu'il pourrait y avoir là pour l'inspecteur un motif de tolérance qui lui permettrait d'autoriser temporairement l'emploi des enfants dans ces conditions, pour leur faciliter les moyens d'acquérir l'instruction. Aucune tolérance de ce genre ne pourrait d'ailleurs être accordée, là où les classes des écoles communales sont organisées de manière à recueillir les enfants à la sortie des ateliers.

Quant à la justification de l'instruction, dans le cas prévu par l'article 9, une certaine tolérance pourra être accordée au début, en présence de la force majeure résultant de l'état général de l'instruction des enfants de la classe ouvrière. Il y aura lieu, disait la circulaire du 29 mai 1875, d'user transitoirement de ménagements. Mais aujourd'hui, grâce aux mesures prises pour le développement de l'enseignement primaire, et aux tempéraments apportés au programme exigé pour l'instruction élémentaire, on doit rentrer dans la stricte application de dispositions législatives dont on ne peut méconnaître le but utile et moralisateur. Cette nécessité a été affirmée, dès le mois de janvier 1877, par le tribunal correctionnel de Roubaix, qui a condamné plusieurs industriels du canton d'Armentières, pour inexécution des mesures relatives à l'instruction. Un d'entre eux occupait soixante-quatre enfants au-dessous de quinze ans, travaillant plus de six heures par jour, et ne fréquentant pas l'école. Il fut constaté à l'audience que plusieurs communes de la région avaient créé des classes, dont les heures concordaient avec la sortie des ateliers ; l'incurie de l'industriel était donc inexcusable, et le tribunal de Roubaix a fait bonne justice. (Tribunal correctionnel de Roubaix, 11 février 1877. — *Petit Moniteur* du 14 février suivant.)

Les industriels doivent, au surplus, s'assurer par eux-mêmes que les enfants fréquentent effectivement les écoles ; ils ne dégageraient point leur responsabilité, en s'en remettant à leurs préposés pour cette vérification. Ainsi il avait déjà été jugé, sous le régime de la loi de 1841, que le patron encourt l'application de la loi, encore qu'il ait donné

des ordres pour que les enfants suivissent l'école
et qu'il ait pu croire qu'ils s'y rendaient réelle-
ment, si en fait il n'en a point été ainsi. (Crim.
cass. 14 mai 1846, aff. Dupont-Boilletot D. P. 46,
1.307.)

Ce que demande aujourd'hui comme alors le
législateur, c'est qu'on ne se retranche point der-
rière un vain simulacre d'exécution de la loi, mais
que les patrons pratiquent sincèrement et effica-
cement le devoir qui leur incombe de faire instruire les jeunes ouvriers[4].

CHAPITRE VIII.

Livrets d'entrée. — Contrôle et surveillance.

Livrets. — Les maires sont tenus de délivrer aux
père, mère ou tuteur de tout enfant qui veut en-

---

1. Voici un modèle de certificat d'instruction, répondant mieux
au programme, actuellement admis, que ceux publiés jusqu'à ce
jour :

Je soussigné (nom de l'instituteur, institutrice ou inspecteur
délivrant le certificat), *certifie que l'enfant* (nom et prénoms de
l'enfant), *âgé de* (âge de l'enfant), *a reçu l'instruction primaire
élémentaire dans les conditions prescrites par la circulaire
ministérielle du 20 février* 1877.

le   187.

Légalisation.   Signature.

trer dans un atelier, un livret sur lequel sont indiqués les nom et prénoms de cet enfant, la date et le lieu de sa naissance, son domicile, le temps pendant lequel il a suivi l'école (Art. 10).

Les livrets sont délivrés à la mairie de chaque commune, sur la présentation d'un extrait de l'acte de naissance de l'enfant ; à Paris, la délivrance du livret est faite à la préfecture de police.

Ces livrets sont imprimés d'après un type uniforme, fourni par le ministère de l'agriculture et du commerce, et sont vendus à très-bas prix. Si la mairie n'en était pas pourvue, le patron ou le père de famille devrait adresser une réclamation à l'inspecteur, à la préfecture du département, à la sous-préfecture ou à la Commission locale de son arrondissement dans les départements ; à Paris, à la préfecture de police.

Dans l'usage, les livrets délivrés aux enfants sont en général remis gratuitement par les maires. Il est pourvu à cette dépense sur les fonds communaux (voy. *Dictionnaire d'administration* de Maurice Block) ; cette dépense n'est pas toutefois obligatoire.

Dans tous les cas, les administrations locales doivent se pourvoir de livrets, conformes au modèle indiqué par M. le ministre du commerce dans ses circulaires. « Il ne peut d'ailleurs être perçu pour la délivrance des livrets que le prix réel de confection, et ce prix ne peut dépasser vingt-cinq

centimes. » On applique ainsi, par voie d'analogie aux livrets des enfants, les dispositions de
l'article 2 de la loi du 22 juin 1854, sur les livrets
d'ouvriers.

La circulaire de M. le ministre de l'instruction
publique, du 20 juillet 1875, enjoint aux instituteurs de s'empresser de fournir aux maires les
divers renseignements dont ils auraient besoin
pour établir le livret exigé par l'article 10 de la
loi.

M. le ministre de l'intérieur a décidé, de son
côté, que les extraits des actes de naissance nécessaires aux père ou tuteur de l'enfant mineur,
pour faire établir son livret, seraient délivrés gratuitement.

Dans le cas très-fréquent où l'enfant travaille
dans une commune autre que celle où il est né, il
a été décidé, d'accord avec le garde des sceaux et
le ministre des finances (circulaire aux préfets,
du 14 octobre 1875), que le père ou tuteur n'aura
qu'à faire connaître au maire le lieu de la naissance de l'enfant. Le maire, chargé de la délivrance
du livret, devra demander lui-même au maire de la
commune du lieu d'origine, un bulletin ou extrait
de l'acte de naissance. Ce bulletin sera délivré sur
papier libre et gratuitement, conformément à l'article 16 de la loi du 13 brumaire an VII.

Les parents ou tuteurs des enfants étrangers
doivent s'adresser, pour obtenir leurs extraits

d'actes de naisance, aux consuls de leur pays d'origine, accrédités auprès du gouvernement français.

Les patrons sont tenus de représenter les livrets, comme les certificats d'école, à toute réquisition de l'inspection. L'enfant, en quittant un atelier, doit retirer ces deux pièces, pour les remettre au chef du nouvel atelier où il entre. La mention, portée au livret, du temps que l'enfant a suivi l'école, ne saurait le dispenser de produire, soit le certificat d'instruction élémentaire, soit à défaut, le cahier constatant la fréquentation scolaire. Les patrons qui embaucheront de jeunes ouvriers devront, pour leur propre sûreté, exiger cette double production.

Les industriels agiront également avec prudence en réclamant, lors de l'admission des enfants dans leurs ateliers, un extrait de leur acte de naissance pour contrôler les mentions du livret qui pourraient être quelquefois erronées ou inexactes. On n'ignore pas, en effet, avec quelle impatience les parents attendent le moment où l'enfant entre à l'atelier ; ils peuvent quelquefois, pour hâter ce moment, se laisser entraîner à des fraudes [1].

Les chefs d'industrie et les patrons inscriront avec soin sur le livret sus-mentionné, la date de l'entrée dans l'atelier ou usine et celle de la sortie.

---

1. L'extrait de l'acte de naissance de l'enfant qui doit, dans

Ils y porteront aussi les mentions relatives à l'instruction (Art. 10). C'est avec intention que le législateur a désigné les maires pour la délivrance des livrets et le visa des certificats d'école. Il n'est point permis de substituer aux maires, les commissaires de police, dans l'accomplissement de ces formalités, comme on l'a fait dans certaines localités. L'administration supérieure, consultée à ce sujet, a condamné cette interprétation abusive de la loi (Avis du ministère du commerce du 10 février 1876).

Le fait que l'enfant est engagé par un ouvrier qui l'occupe dans l'atelier comme aide et le paie directement, ne dégage nullement l'industriel des prescriptions réglementaires que nous ve-

toutes les communes, être délivré gratuitement et sur papier libre, peut, dit le *Guide* de M. l'inspecteur Maurice, être libellé ainsi :

Nous, Maire de la commune d
arrondissement d   , département d
certifions, en exécution de la loi du 19 mai 1874 sur le travail
des enfants et des filles mineures dans l'industrie, qu'il résulte
du registre de l'état civil de cette commune, que le nommé
est né dans ladite commune.
En foi de quoi nous avons délivré le présent certificat.

Le Maire,

Les parents ou tuteurs de l'enfant, une fois munis de cette pièce, la présentent à la mairie du lieu où l'enfant demande à travailler dans un atelier ; c'est sur cette présentation que le livret doit être délivré. Les patrons peuvent également réclamer eux-mêmes les livrets sur le vu des extraits d'actes de naissance des enfants qu'ils emploient.

nons de tracer. Le chef d'industrie est seul responsable aux yeux de la loi et il doit observer ses dispositions à l'égard de tous ceux qui travaillent à un titre quelconque dans ses usines.

Registre. — En outre, dans chaque usine, atelier ou chantier, les patrons devront tenir un registre[1] sur lequel seront reproduites toutes les mentions du livret relatives aux noms de l'enfant à la date et au lieu de sa naissance, à son domicile, au temps

1. Quant au registre d'inscription, voici le modèle le plus généralement adopté :

DATE		Numéro d'ordre du Livret.	Date de la délivrance ou du visa du Livret.	Commune où le livret a été délivré.	Communes où les visas antérieurs ont été donnés.	Nom et prénoms de l'enfant. (Les filles de seize à vingt et un ans doivent être inscrites)	Sexe.	Date de la naissance.	Lieu de la naissance.	Domicile.	A-t-il été vacciné ou a-t-il eu la petite vérole.	Ayant le certificat d'instruction primaire élémentaire.	Allant à l'école.	ACCIDENTS [1]. Nature et causes de ces accidents.	OBSERVATIONS.
de l'entrée chez le fabricant.	de la sortie.														

1. La statistique des accidents a fait l'objet d'une circulaire ministérielle. On attache avec raison un grand intérêt à ce qu'elle soit scrupuleusement établie.

qu'il a fréquenté l'école, à son entrée dans l'établissement et à sa sortie.

Des registres, imprimés conformément à ces instructions et d'après les types du ministère du commerce, sont mis, par l'entremise des préfets et des administrations municipales, à la disposition des industriels. Le tribunal de la Seine a condamné, par application des dispositions de l'article 10, en plusieurs amendes, un imprimeur lithographe qui avait omis de mentionner, sur le registre, la date d'entrée et de sortie des enfants et avait omis de porter cette mention sur le livret de ceux-ci. (*Gazette des Tribunaux* du 11 novembre 1875.)

CHAPITRE IX.

Police des ateliers. — Hygiène. — Bonnes mœurs.

Affichage. — Les patrons ou chefs d'industrie sont tenus de faire afficher, dans chaque atelier, les dispositions de la loi du 19 mai 1874 et les règlements d'administration publique relatifs à son exécution (Art. 11) [1].

---

1. Voir à l'Appendice les règlements d'administration publique s'appliquant aux différents genres d'industries.

La circulaire ministérielle du 29 mai, invite les inspecteurs à veiller à ce que cet *affichage soit fait d'une manière permanente et très-visible dans l'atelier, et non dans les bureaux ou dans le cabinet du patron ; il est entendu que chaque industriel ne peut être tenu d'afficher que celui des règlement qui se rapporte à son industrie; et si cette industrie n'est visée par aucun de ces règlements, son obligation se borne à afficher la loi.*

Il avait déjà été jugé, sous l'empire de la loi de 1841 dont la loi nouvelle reproduit l'article 9 dans son article 11, que les affiches de la loi et des règlements intérieurs, doivent, si l'usine se compose de plusieurs ateliers, être apposées dans chacun d'eux. (Cassation, ch. crim., 17 juin 1842; Dalloz, v° *industrie*, n° 459)

Le tribunal de la Seine a condamné, le 11 novembre, un imprimeur lithographe en cinq amendes de seize francs, pour défaut d'affichage de la loi dans ses divers ateliers.

Nous reproduisons tous les règlements à l'Appendice de cet ouvrage. Dans chaque département, l'administration met à la disposition des industriels des affiches portant les documents législatifs dont la publication est exigée.

Les préfets doivent pourvoir à l'impression de ces documents[1] et veiller à ce qu'ils soient vendus

---

1. La Commission supérieure, consultée par M. le directeur du

à des prix modérés aux industriels et chefs d'ateliers tenus d'en faire usage.

Hygiène. — *Salubrité.* — La loi se préoccupe à juste titre de la police générale de l'atelier. Nous indiquerons plus loin les travaux considérés comme dangereux qui sont interdits aux enfants et les précautions à observer à l'égard des machines; mais en dehors de ces prescriptions spéciales, les patrons doivent prendre toutes les mesures que comportent l'hygiène et la salubrité dans l'intérêt des ouvriers.

Les ateliers, dit la loi (Art. 14), doivent être tenus dans un état constant de propreté et être convenablement ventilés. — Ils doivent présenter toutes les conditions de sécurité et de salubrité nécessaires à la santé des enfants (Art. 14).

L'aération des salles par des ventilateurs, le blanchiment à la chaux des murailles sont indi-

---

commerce intérieur sur la question relative aux frais occasionnés, par l'impression et l'affichage dans les communes de la loi du 19 mai 1874, a, dans sa séance du 12 mai 1875, émis l'avis que « les patrons et chefs d'industrie étant tenus de faire afficher dans chaque atelier les dispositions de la loi, les préfets pourraient être invités à s'entendre avec un imprimeur de la localité qui aurait le privilége d'imprimer la loi et de la vendre aux intéressés à un prix calculé de manière à compenser pour lui la dépense occasionnée par le nombre d'exemplaires qu'il serait obligé de livrer et d'afficher gratuitement pour le compte de l'administration. »

Une circulaire du 19 juin 1875 a été adressée à ce sujet aux préfets. Il leur a été fait en même temps envoi des types d'imprimés dont la loi de 1874 a prescrit l'usage.

qués, dans beaucoup de règlements locaux et dans
la législation anglaise, comme des moyens salu-
taires pour la santé des ouvriers.

On ne perdra pas de vue d'ailleurs que tous les
ateliers en France restent soumis à l'application
de la loi du 13 avril 1850 sur les logements insalubres. Il appartient aux inspecteurs de veiller à
l'exécution de cette loi.

Décence. — *Bonnes mœurs.* — La surveillance
des patrons et des contre-maîtres doit se porter
plus particulièrement encore sur le maintien des
bonnes mœurs et l'observation de la décence publique dans les ateliers (Art. 15).

Les dispositions de la loi sur ce sujet sont plutôt
officieuses que comminatoires. Il est difficile en
effet de bien préciser, hors les cas prévus par le
Code pénal, les infractions aux règles de la décence
et aux bonnes mœurs. Le législateur s'adresse ici
aux sentiments d'honneur et à la moralité des patrons. Il leur confie comme un dépôt sacré l'inno-
cence et la pudeur des enfants. On ne saurait
d'ailleurs trop l'affirmer, c'est surtout par l'autorité du bon exemple que les patrons exerceront
sur les mœurs des ouvriers employés dans leurs
ateliers une salutaire influence

Certaines prescriptions spéciales peuvent cependant être recommandées aux chefs d'industrie ;
ainsi on doit éviter une fâcheuse promiscuité, en
opérant autant que possible dans les ateliers la

séparation des sexes. Cette mesure doit être prise, non-seulement pendant les heures du travail, mais encore pendant les temps de repos et pour la sortie de l'usine. On pourrait citer un grand nombre d'établissements où des règlements de police intérieure ont été pris, dans un sentiment très-recommandable, pour assurer l'exécution de ce moyen de préservation morale. Il est à désirer que partout où les conditions du travail le permettent une semblable mesure soit généralisée au plus grand avantage des bonnes mœurs.

Quelques inspecteurs ont émis le vœu qu'un réglement d'administration publique prescrivit d'une manière formelle que dans les usines où les nécessités de la fabrication obligent les ouvriers à travailler dans un état d'entière nudité, ils soient tenus de se vêtir convenablement à la sortie des ateliers ou le travail s'exécute. Il est en outre désirable que les femmes ne soient admises dans les mêmes usines qu'autant qu'elles travailleraient dans des bâtiments séparés. En attendant que ce vœu inspiré par les plus louables intentions puisse recevoir satisfaction, on peut du moins inviter les chefs des usines, où les conditions du travail imposent ces nécessités, à prendre, par des règlements intérieurs, les mesures de discipline que commandent le souci de la décence et le respect des mœurs.

Des ordres doivent être donnés aussi dans les

ateliers : pour que tout propos injurieux ou obscène
soit réprimé, pour interdire la circulation des
mauvais livres, pour éviter l'introduction dans ces
ateliers de personnes d'une immoralité notoire.
Ces diverses mesures pourront, comme les précédentes, être l'objet de règlements intérieurs, rédigés par les chefs d'industrie eux-mêmes, et exécutés sous leur propre surveillance et celle de
leurs contre-maîtres.

On a posé la question de savoir si les préfets
pouvaient demander aux inspecteurs du travail
des renseignements sur les mesures à prendre
pour le respect des bonnes mœurs dans les
ateliers.

L'article 15 invite les patrons à veiller « au maintien des bonnes mœurs et à l'observation de la
décence publique dans leurs ateliers. » Cet article,
il est vrai, n'a pas de sanction pénale par suite de
la difficulté de définir les délits de mœurs en dehors des cas prévus par le Code pénal lui-même.
Mais les préfets et les maires étant préposés par
la loi à la police des mœurs, peuvent s'appuyer
sur la disposition précitée pour prendre des arrêtés
et prescrire des mesures relatives au respect des
bonnes mœurs et de la décence publique.

A ce point de vue le préfet est bien fondé à réclamer d'un fonctionnaire spécial des renseignements ou des avis sur une branche de son service
qui rentre dans les attributions préfectorales.

Cette doctrine est peut-être trop absolue, mais il suffit qu'elle soit vraie en un sens pour que l'inspecteur doive éviter tout conflit et satisfaire à un désir exprimé dans une louable intention.

CHAPITRE X.

Travaux fatigants ou dangereux.

Travaux fatigants ou dangereux. — La loi a confié, dans son article 12, à des règlements d'administration publique, le soin de déterminer les différents genres de travaux, présentant des causes de danger ou excédant les forces des enfants, auxquels il est interdit de les astreindre.

Le décret du 13 mai 1875, a établi cette nomenclature, en voici le texte :

ARTICLE PREMIER. Il est interdit d'employer les enfants, au-dessous de seize ans, au graissage, au nettoyage, à la visite ou à la réparation des machines ou mécanismes en marche.

Il est interdit de les employer aux mêmes opérations lorsque les mécanismes étant arrêtés, les transmissions marchent encore, à moins que le débrayage ou le volant n'aient été préalablement calés.

ART. 2. Il est interdit d'employer des enfants, au-dessous de seize ans, dans les ateliers qui mettent en jeu des machines dont les parties dangereuses et pièces saillantes mobiles ne sont point couvertes de couvre-engrenages, ou garde-mains ou autres organes protecteurs.

ART. 3. Les enfants, de dix à douze ans, exceptionnellement autorisés par le règlement du 12 mars 1875 à participer aux travaux de certaines industries, ne pourront être employés ni à porter ni à traîner des fardeaux.

Les enfants, depuis l'âge de douze ans jusqu'à celui de quatorze ans révolus, ne pourront être chargés sur la tête ou sur le dos au delà du poids de dix kilogrammes. Les enfants, depuis l'âge de quatorze ans jusqu'à celui de seize ans révolus, ne pourront dans les mêmes conditions recevoir une charge supérieure à quinze kilogrammes.

Il est interdit de faire traîner aux enfants de douze à seize ans des charges exigeant des efforts supérieurs à ceux qui correspondent aux poids indiqués au paragraphe précédent[1].

1. Le rapport du Comité des arts et manufactures dit au sujet de la disposition relative aux fardeaux excessifs :

« La Commission ne se dissimule pas toutes les difficultés que présente la rédaction de semblables prescriptions, la charge qu'on peut imposer à un enfant dépendant non-seulement de son âge, mais de sa force relative. Cependant, en présence de l'invitation formelle de la loi, après avoir consulté les documents de l'enquête, pris l'avis de plusieurs industriels et d'ingénieurs exercés à la mesure des forces, elle a fixé des chiffres qui devront représenter les efforts maxima que l'on pourra exiger des enfants des divers âges (dix kilogrammes. pour les enfants de douze à quatorze ans, quinze kilogrammes pour ceux de quatorze à seize).

« Pour ce qui est des transports par voitures à bras ou autres véhicules, la charge maxima que l'on pourra imposer aux enfants de l'une et de l'autre catégorie sera déduite par l'inspecteur, des chiffres de fardeau, en appliquant les lois de la mécanique qui déterminent les proportions généralement adoptées par les ingénieurs. Par exemple, le rapport de l'effort de traction à la charge

Art. 4. Il est interdit d'employer les enfants, au-dessous de seize ans, à faire tourner des appareils en sautillant sur une pédale.

Il est également interdit de les employer à faire tourner des roues horizontales.

Art. 5. Les enfants, au-dessous de seize ans, ne pourront être employés à tourner des roues verticales ou utilisés comme producteurs de force motrice, que pendant une durée d'une demi-journée de travail, divisée par un repos d'une heure au moins.

Art. 6. Dans les usines ou ateliers employant des scies circulaires ou des scies à ruban, les enfants ne pourront être employés à pousser la matière à scier contre la scie[1].

étant de 1/20 pour les voies horizontales, macadamisées ou pavées, l'enfant de douze à quatorze ans pourra traîner, par un effort de dix kilogrammes, un poids de deux cents kilogrammes, celui de quatorze à seize ans, par un effort de quinze kilogrammes, un poids de trois cents kilogrammes L'inspecteur aura un calcul de ce genre à faire lorsque les efforts de traction devront être opérés sur des voies ferrées, ou sur des voies en pente ; il établira ainsi, au moins approximativement, la limite du travail que l'on peut exiger des enfants.

« Cette solution n'est sans doute pas applicable à tous les cas, elle peut servir de base à la détermination des contraventions. »

1. « Deux ouvriers, dit le rapport du Comité consultatif, font le service de la scie circulaire ou de la scie à ruban. L'un, placé auprès de l'outil, dirige contre la scie la pièce de bois à découper ; l'autre, posté en face du premier, reçoit, conduit et soutient la pièce, en exerçant un effort qui tend à l'éloigner de l'instrument. Le premier ouvrier, nommé *pousseur*, remplit un office très-dangereux. Lorsque la scie rencontre dans le bois un point de résistance, il arrive de deux choses l'une : ou bien la pièce est lancée comme un projectile, dans la direction de l'opérateur, ou bien elle se relève brusquement en entraînant la main de l'ouvrier contre la scie. Quant au deuxième ouvrier, nommé *tireur*, par la position qu'il occupe et en raison du travail inverse qu'il exécute, il ne court aucun danger. En considération de ces faits, nous avons

Art. 7. Les enfants, au-dessous de seize ans, ne pourront être employés au travail des cisailles et autres lames tranchantes mécaniques.

Art. 8. Les enfants, depuis l'âge de dix ans jusqu'à celui de quatorze ans révolus, ne pourront, dans les verreries, être employés à cueillir le verre dans les creusets.

Art. 9. Il est interdit de préposer des enfants, au-dessous de seize ans, au service des robinets à vapeur.

L'énumération des travaux dangereux, relevés par le décret ci-dessus, n'est pas absolument limi-

interdit aux enfants de douze à seize ans le travail de *pousseur*. L'office de *tireur* sera seul autorisé.

« Pour compléter cette disposition du règlement relative aux machines-outils particulièrement dangereuses, nous interdisons l'emploi des enfants dans le service des cisailles et autres lames tranchantes mécaniques ; le fonctionnement des cisailles expose en effet les ouvriers à de graves accidents. Il arrive quelquefois que les deux parties de la pièce métallique qu'il s'agit de couper se relèvent brusquement sous le choc de la lame tranchante et atteignent les opérateurs imprévoyants ou inexpérimentés.

« Le tour du potier, qui sert au façonnage des pâtes céramiques, est mis en mouvement, dans un certain nombre d'usines, par un *gamin* que l'ouvrier paye de ses deniers. Nous n'avons pas hésité à interdire aux enfants le tournage des tours qui ne peuvent être mis en mouvement qu'au prix de fatigues excessives.

« Le tournage ne sera autorisé que pour la demi-journée seulement, et lorsque les roues motrices seront disposées dans un plan vertical.

« Les dispositions relatives au tournage ont été rédigées, dans notre projet, en termes assez généraux pour permettre aux inspecteurs de remédier aux abus que l'on fait des forces des enfants dans d'autres industries, telles que celles de la corderie et de la coutellerie, où on emploie les apprentis pour produire la force motrice.

« Les fabricants de verre ayant été exceptionnellement autorisés

tative. De nouveaux décrets peuvent d'un jour à l'autre en combler les lacunes. Les circulaires ministérielles invitent MM. les inspecteurs à signaler dans leurs rapports les faits peu connus qui se produisent dans les ateliers de manière à mettre *l'administration à même de compléter les prescriptions réglementaires en vue de donner toute l'efficacité possible aux intentions du législateur.*

D'un autre côté, même en l'absence de décrets, l'appréciation des tribunaux reste ouverte sur l'évidence d'un danger auquel aurait été exposé un enfant dans son travail.

L'inspecteur, d'après les termes de la circulaire aux préfets du 29 avril 1875, devra intervenir dans les enquêtes judiciaires, ouvertes à la suite d'accidents survenus dans les usines ou ateliers, où des appareils sont mis en mouvement par des moteurs mécaniques. Nul n'est mieux autorisé, en effet, pour fournir des renseignements sur les conditions de l'atelier où l'accident s'est produit, sur les

---

par un projet de règlement que vous avez approuvé, à employer les enfants dès l'âge de dix ans, nous avons pensé qu'il y avait lieu d'interdire aux enfants les plus jeunes et de la plus petite taille le travail fatigant qui consiste à puiser le verre en fusion dans les creusets.

« Enfin, nous défendons aux industriels de confier à des enfants la manœuvre des robinets à vapeur : cet office dangereux a été déjà éliminé, pour des raisons que nous avons fait connaître dans un précédent rapport, de la nomenclature des opérations que les enfants pourront exécuter pendant la nuit dans les fabriques de sucre. »

mesures qu'il a pu prescrire, enfin sur les moyens de remédier à l'avenir aux dangers que présente une installation défectueuse.

La question de la surcharge des enfants est l'une de celles qui ont le plus ému l'opinion publique par suite des nombreux abus qui se produisent à ce sujet, à Paris surtout, et frappent tous les regards. Une circulaire ministérielle du 15 février 1876, provoquée par les rapports de M. l'inspecteur divisionnaire de la Seine, invite les officiers et agents de la police judiciaire et notamment à Paris les gardiens de la paix, à verbaliser toutes les fois qu'ils constatent une contravention à l'article 3 du *règlement du* 13 *mai* 1875 relatif à la surcharge[1].

1. La circulaire suivante, autorisant les gardiens de la paix et agents de police, à constater les contraventions relatives aux charges excessives imposées aux enfants, a été adressée à M. le préfet de police à Paris et aux préfets du Rhône, des Bouches-du-Rhône, de la Gironde, du Nord et de la Seine-Inférieure : .

« Monsieur le préfet,

« M. l'inspecteur divisionnaire du travail des enfants dans l'industrie vient de m'adresser un rapport dans lequel il a appelé mon attention sur les nombreuses infractions aux règlements, commises par les industriels, en ce qui concerne les fardeaux portés ou traînés par les enfants au-dessous de seize ans. Ces infractions, qui sont déplorables au point de vue du développement physique de l'enfance, ont déjà occasionné plusieurs accidents. Il importe donc de remédier au plus tôt à un état de choses si funeste pour les enfants employés dans l'industrie. Pour arriver à un résultat . pratique, il serait à désirer que les contraventions dont il s'agit pussent être constatées par les gardiens de la paix que leur

De nombreuses décisions judiciaires ont déjà apporté leur sanction à cette mesure de prévoyance et d'humanité. Ainsi le tribunal correctionnel de la Seine a condamné, à plusieurs reprises, des patrons, fumistes, patissiers, traiteurs, bouchers, etc., qui avaient fait traîner des voitures chargées ou porter sur la tête des fardeaux à des enfants de moins de 16 ans, excédant le poids réglementaire de charge ou de traction. (*Gazette des tribunaux*, année 1876.)

On a posé la question de savoir si l'article 3 du règlement du 13 mai 1875, limitatif de la charge des enfants, était applicable aux travaux des mines. L'administration supérieure a répondu, par une note du 10 février 1876, que le règlement s'appliquait à tous les enfants dans toutes les industries sans distinction. Le règlement du 12 mai, spécial aux travaux souterrains, n'est pas exclusif de l'application de cette mesure générale. Par voie d'extension, on ne doit pas hésiter à abriter sous

service appelle sur les voies publiques et signalées aux officiers de police judiciaire. Je viens, en conséquence, vous prier de faire donner les instructions nécessaires à ces agents pour qu'ils dressent procès-verbal des contraventions commises aux dispositions du règlement d'administration publique, du 13 mai 1875, rendu en exécution de la loi du 19 mai 1874, sur le travail des enfants dans les manufactures.

« Recevez, Monsieur le préfet, etc.

« *Le ministre de l'agriculture et du commerce,*

« *Signé :* C. DE MEAUX. »

la protection du même règlement les enfants employés dans les travaux de maçonnerie: les dangers qu'ils courent dans la montée des échelles aggravent encore pour eux les inconvénients d'une charge excessive. Le tribunal de la Seine a du reste fait application du règlement du 13 mai à l'emploi des enfants dans l'une des branches de l'industrie de la construction, celle de la fumisterie, il n'est pas douteux que le cas échéant, la même règle serait appliquée aux aides-maçons.

Une question délicate a été soulevée au sujet des usines de capsulerie où l'on manie les fulminates et autres substances explosibles. Un certain nombre d'enfants sont employés, dans ces usines, soit au garnissage des boîtes de capsules, soit au placement des amorces dans les douilles de fusils; ou encore au chargement des petites cartouches des pistolets de salon. La Commission supérieure a provoqué, à ce sujet, une visite de l'inspecteur et de la Commission locale pour que l'on constatât si la disposition des ateliers de ces usines était de nature à présenter des dangers pour la sécurité des enfants et si elle nécessitait des modifications dans leur installation. A la suite de ces constatations la Commission supérieure a adopté la résolution suivante: L'emploi des enfants peut être autorisé, dans les usines qualifiées dangereuses et insalubres, à la double condition : 1° qu'ils soient réunis dans des ateliers séparés de ceux où existent des dangers; 2° qu'ils soient occupés à des travaux autres que le travail dangereux ou insalubre ; sauf dans le cas où les causes de danger ou d'insalubrité peuvent exercer leur action à distance. (Résolution du 7 décembre 1876.)

On a considéré encore que l'emploi des enfants, de 12 à 16 ans, dans les ateliers de la fonte et du laminage du zinc ne présentait aucun danger pour eux.

Un doute s'étant élevé sur l'interprétation du règlement à l'égard de l'emploi des enfants, de 12 à 16 ans, au maniement des chiffons dans les papeteries, la Commission supérieure, sur la proposition du Comité des arts et manufactures a émis l'avis que ce travail devait être interdit aux enfants de moins de 16 ans (résolution du 7 décembre 1876). Toutefois le règlement ne s'applique pas, comme on avait aussi paru le croire, aux filles mineures de 16 à 21 ans.

La Commission supérieure estime également, sur la proposition du Comité des arts et manufactures, que par interprétation de l'interdiction du travail des jeunes filles dans les abattoirs publics, compris dans le tableau A du règlement du 14 mai 1875, on ne peut les employer dans les triperies et boyauderies, dépendant de ces abattoirs, comme cela se pratique à Marseille.

Sur un avis de la Commission supérieure, du 7 décembre 1876, conforme à la proposition du

Comité des arts et manufactures, on doit ajouter à la nomenclature des établissements insalubres douze industries qui présentent des dangers d'explosion, d'empoisonnement, d'émanations ou de poussières nuisibles; ce sont : *la manipulation ou la fabrication de matières explosibles, celles de matières toxiques, l'aiguisage ou le polissage à sec des métaux, verres ou cristaux, le grattage à sec des émaux dans les fabriques de verres de mousseline, l'extraction ou le piquage des grès, le sciage ou le polissage à sec du marbre, de l'albâtre ou de la pierre, le broyage à sec des matières minérales, le blanchissage des dentelles à la céruse, le coupage des poils de peaux de lapins, le déchiquetage des chiffons pour les tissus dits renaissance, la soudure des boîtes de conserves, l'extraction et le piquage de la meulière pour la fabrication des meules.*

Néanmoins, les enfants pourront être employés, dans les usines où s'exercent ces industries, dans toutes les parties de l'établissement et aux travaux où ils ne seraient point exposés au contact des matières dangereuses ou aux émanations délétères.

A la suite de réclamations nombreuses de l'industrie verrière sur l'application des dispositions qui la concernent, un examen scrupuleux a été fait des conditions spéciales de cette industrie. Le rapport de M. Berard, chargé d'une enquête sur l'application à l'industrie de la verrerie du règlement du 22 mai 1875, propose de modifier ainsi l'article 8 de ce règlement :

« Les enfants, au-dessous de 12 ans, ne peuvent être employés à cueillir le verre ;

« Au-dessus de 12 ans, jusqu'à 14 ans, les enfants pourront cueillir un poids de verre moindre de 300 grammes. »

Ces propositions, appuyées par la Commission supérieure, sont sanctionnées par le décret, du mois de mars 1877, dont nous donnons le texte à l'Appendice de cet ouvrage.

CHAPITRE XI.

Sécurité des ateliers. — Danger des machines.

Sécurité. — Les ateliers doivent présenter toutes les conditions de sécurité nécessaires pour protéger la vie et la santé des enfants (Art. 14).

On comprend la portée de cette prescription légale, en présence des dangers qui résultent du jeu des machines à vapeur, des courroies de transmission, du mouvement des roues, des cylindres et des engrenages dans les usines. La loi n'exprime pas là seulement un sentiment d'humanité, elle donne un sage avertissement aux chefs d'ateliers, dont la responsabilité est gravement engagée en cas d'imprudence ou de simple négligence.

Les courroies qui servent à transmettre le mouvement aux machines présentent des dangers graves; beaucoup de règlements d'usines défendaient de remonter les courroies pendant la marche des machines, avant même que le règlement d'administration publique ait généralisé cette interdiction à l'égard de tous les enfants. La responsabilité, d'après la jurisprudence, naît dans un cas pareil du fait de confier un travail dangereux à un enfant qui est hors d'état de comprendre le danger auquel il s'expose. « Cette manœuvre, déclarait un jugement du tribunal de la Seine, du 12 mars 1868, ne peut être accomplie par un enfant de douze ans, pendant que la machine est en mouvement, sans qu'elle offre pour lui un péril sérieux, » et le tribunal déclarant responsable le patron qui avait occupé l'enfant, accordait à celui-ci une pension viagère de quatre cents francs (trib. de la Seine, 8 août 1866. 12 mars 1868. 25 juillet 1868. *Gazette des tribunaux*).

Ce n'est pas seulement la loi de 1874 qui prescrit de couvrir les engrenages et de mettre ainsi l'enfant hors des dangers auxquels l'expose sa propre imprudence. Les règles générales de la responsabilité, admises par la jurisprudence, en imposent l'obligation aux chefs d'industrie. Ainsi, par une décision du tribunal de la Seine du 12 décembre 1865, confirmée en appel le 12 mai suivant, il a été jugé que le patron doit prendre toutes les mesures qu'ordonne la prudence pour protéger les enfants contre leur propre maladresse ou leur imprudence ; qu'en conséquence, il commet une faute, dont il doit supporter la responsabilité, s'il les laisse travailler, par exemple, près d'un engrenage découvert ; il doit, pour sauvegarder sa responsabilité, entourer l'engrenage d'un grillage élevé ou de tout autre appareil de préservation (*Gazette des tribunaux*, des 11 janvier et 9 juillet 1866).

On a cité à ce sujet une décision très-nettement motivée du tribunal de Corbeil[1] : « Attendu, dit ce jugement, que si les progrès incessants de l'industrie rendent indispensable l'emploi, dans les usines, de machines dangereuses par elles-mêmes, tant à cause de la rapidité de leurs mouvements qu'en raison des rouages et engrenages qui les leur communiquent, c'est pour les chefs d'usines une obligation impérieuse, à laquelle se joint un devoir d'humanité, de prendre toutes les précautions et mesures nécessaires pour écarter complétement ou du moins pour diminuer les dangers que l'usage des machines entraîne, et pour proté-

---

1. Jules Périn : *le Travail des enfants dans les manufactures devant la jurisprudence* et *Bulletin de la Société des apprentis.*

ger et garantir les ouvriers qu'ils emploient contre leur propre imprudence. » Cette décision, frappée d'appel, a été confirmée par la Cour de Paris. (Trib. Corbeil, 3 février 1865. Cour de Paris, 11 novembre 1865. *Gazette des tribunaux.*)

La faute personnelle de l'enfant ne suffirait pas, dans la plupart des cas, pour dégager la responsabilité du patron ; car cette faute est présumable à raison de la légèreté, de la négligence, de l'incurie que l'on peut attendre du jeune âge. L'insouciance est naturelle à l'enfant, et le devoir du patron est de ne pas mettre entre ses mains ou à sa portée l'instrument du danger, de telle sorte que son imprudence l'expose à de graves accidents. A défaut des précautions matérielles indispensables, aujourd'hui requises par la loi et les règlements, la défense faite à l'enfant de se servir ou d'approcher des organes dangereux des machines, ne pourrait couvrir la responsabilité suprême du chef, qui, non-seulement dirige sa volonté, mais dont l'autorité doit le protéger. « Des ordres ou des recommandations de cette nature, disait déjà un jugement du tribunal de la Seine, du 3 janvier 1866, ne satisfont pas suffisamment aux devoirs de vigilance personnelle qui incombent au patron à l'égard des ouvriers de cet âge. »

La responsabilité du patron n'est pas moins engagée, quoique la faute ait été commise à l'égard d'un enfant ou apprenti qui aurait été embauché directement par l'ouvrier.

Le tribunal d'Aix, dans un jugement confirmé par la Cour, déclare avec raison « que cette circonstance est indifférente, car une personne étrangère, sans aucun lien avec aucun des chefs ou employés de l'atelier, n'en aurait pas moins le droit de faire porter son action en responsabilité sur l'auteur de l'accident dont elle eût été victime, et d'actionner aussi le commettant dont celui-ci était le préposé. » (Trib. civ. d'Aix, 5 décembre 1864 — confirmé par la Cour d'Aix, 13 mai 1865 — D. P. 66. 2. 238). Le maître est responsable des ordres de ses préposés (Cour de Lyon, 9 décembre 1854. D. P. 55.2.391).

Précautions. — Pour prévenir le danger le législateur prescrit les précautions à prendre :

« Dans les usines à moteurs mécaniques, dit l'article 14, les roues, les courroies, les engrenages ou tout autre appareil, dans le cas où il aura été constaté qu'ils présentent une cause de danger, seront séparés des ouvriers de telle manière que l'approche n'en soit possible que pour les besoins du service.

« Les puits, trappes et ouvertures de descente doivent être clôturés. »

L'inspecteur, de son côté, doit, dans ses visites, indiquer autant que possible aux industriels les mesures à prendre pour prévenir les causes de danger résultant de la disposition défectueuse des appareils et de l'outillage.

Le Comité des arts et manufactures indique, dans ses rapports sur les règlements d'administration publique, une série de précautions qui pourraient être utilement prises pour prévenir les accidents.

Ainsi : *l'approche de tout volant en mouvement doit être rendu impossible.*

Si un arbre de couche est placé trop bas et qu'on ne puisse le relever, il *doit être enfermé en dessous par une gaine en bois.*

Les courroies de transmission, qui présentent de permanents dangers, doivent être également enfermées dans une gaine en bois, jusqu'à la hauteur d'au moins deux mètres à partir du sol. Il serait imprudent d'opérer leur *embrayage* et leur *débrayage* à la main ; on doit l'effectuer au moyen des appareils désignés sous le nom de *monte-courroie.*

Les engrenages doivent être, autant que possible, défendus de tout contact par des grillages métalliques

On ne doit point employer d'enfants dans les ateliers où sont établis *des scies circulaires.*

Il doit être expressément défendu d'opérer le *graissage des machines pendant qu'elles sont en mouvement.*

Là où existe une machine à vapeur ou tout autre moteur mécanique, *l'entrée de la chambre de la machine ou du moteur doit être expressément interdite aux enfants.*

Ces diverses précautions indiquent assez dans quel ordre d'idées ont à se placer les inspecteurs et les industriels eux-mêmes, quand il s'agit d'éviter le danger des machines. Ce n'est plus seulement des précautions d'une prudence vulgaire qu'il s'agit ; il faut protéger les enfants contre l'ennemi naturel qui les poursuit sans cesse, l'étourderie de l'âge.

En principe, d'ailleurs, il a été reconnu par la jurisprudence, que les patrons qui emploient des enfants ou des jeunes filles dans leurs ateliers, doivent les protéger contre leur impéritie, leur imprévoyance, leur étourderie même ; que l'enfant n'a ni la connaissance du danger, ni l'expérience, ni la prudence nécessaires pour se protéger lui-même ; que l'imprudence est au contraire inhérente à la légèreté du jeune âge, qu'elle est un fait prévu, inévitable ; que cette absence de discernement, ce défaut d'attention et de raison de la part des enfants sont forcément présumés par les chefs d'ateliers ; que dès lors ils doivent suppléer au manque de prudence des enfants par des mesures et des moyens de précaution qui préviennent tout danger possible ; ils ont, en un mot, à les mettre, par des moyens préservatifs, selon l'expression de la jurisprudence, à l'abri de leur propre imprévoyance. Ces principes ont été consacrés par un grand nombre de décisions judiciaires. (Trib. civ. de la Seine, 3 janvier, 11 janvier, 27 janvier, 9 février 1866. — *Gazette des tribunaux*.)

Les industriels, au contraire, n'encourent point de responsabilité, lorsqu'ils exécutent tous les règlements, et qu'ils ont pris à l'égard des enfants les mesures de protection qu'inspirent les sentiments d'humanité et les devoirs de surveillance qui leur incombent. Ils ne sauraient notamment être responsables de tous les accidents auxquels la nature de leurs fonctions et l'usage des instruments de travail exposent les ouvriers régulièrement employés. Le principe de cette règle a été posé dans divers arrêts (Cour d'Amiens, 12 novembre 1863. — Dijon, 16 mars 1865. — *Gazette des tribunaux*).

Constatation. — La constatation du danger des machines sera faite ou par l'inspecteur ou par la Commission locale, lors de leur visite dans les usines. En cas de contestation sur l'état de danger, l'industriel aura le droit de faire opérer une contre-expertise. Dans ce cas, si une poursuite était exercée pour cause d'inexécution de la loi, le tribunal aurait les éléments nécessaires pour apprécier en pleine connaissance de cause.

L'appréciation du danger que présente une machine et des mesures à prendre pour en préserver l'ouvrier, est manifestement très-délicate. On doit cependant engager les industriels, dans leur propre intérêt, à se montrer fort soucieux de ces précautions. Ils pourront, par ce soin scrupuleux, s'il survient un accident, établir leur bonne foi devant la justice et éviter toute condamnation.

Les patrons doivent d'ailleurs, en présence du danger des machines, aggravé par l'étourderie du jeune âge, exercer vis-à-vis des enfants une surveillance toute paternelle. Le tribunal de la Seine a jugé avec raison, que le chef d'atelier qui emploie des enfants, doit, par lui ou ses préposés, les surveiller, non-seulement comme un maître, mais comme un bon père de famille. (Trib. civ. Seine, 13 mars 1858. — *Gaz. trib.* 17 avril 1858.)

Si, malgré toutes les précautions prises, un accident se produit, l'industriel ne doit pas seulement se hâter, les sentiments d'humanité l'indiquent, de faire donner à l'enfant les soins nécessaires ; il doit encore signaler l'accident à l'autorité judiciaire, et prévenir également l'inspecteur, qui se rendra sur les lieux pour en constater les causes ; celui-ci prescrira au besoin les mesures de précautions jugées indispensables pour en conjurer le retour [1]. . .

---

1. Voici le texte de l'avis ministériel, du 29 août 1875, qui prescrit de faire constater les accidents par les inspecteurs divisionnaires :

« Monsieur le préfet, les usines ou les ateliers qui renferment des appareils mis en mouvement par un moteur mécanique sont

Les mesures prescrites par la loi seraient, au surplus, insuffisantes, si les règlements intérieurs des ateliers n'y suppléaient. Ainsi les inconvénients des vêtements flottants, de la blouse notamment, sont manifestes pour l'ouvrier qui circule autour des machines en mouvement. Les patrons auront tantôt à donner des conseils de prudence pour la sécurité des personnes, tantôt même à prescrire les mesures préventives que

parfois le théâtre d'accidents dont les enfants sont souvent les victimes. Lorsqu'il survient un de ces accidents, une enquête est ouverte par la voie judiciaire ; mais il est difficile d'établir la part qui doit être faite à l'imprudence de l'enfant et celle qui incombe à l'industriel, surtout lorsque celui-ci n'a pas pris toutes les mesures de précaution nécessaires en vue d'assurer la sécurité des ouvriers.

« Il y aurait intérêt à faire intervenir les inspecteurs divisionnaires, nommés en vertu de la loi du 19 mai 1874, dans les enquêtes qui sont ouvertes à la suite des accidents que je signale ; ces fonctionnaires pourront fournir des renseignements utiles sur la situation de l'usine et sur l'inexécution des mesures qu'ils ont pu prescrire afin de remédier aux dangers que peuvent offrir certaines installations d'ateliers.

« Je vous prie, monsieur le préfet, de vouloir bien prendre les mesures nécessaires pour que l'inspecteur du travail des enfants dans les manufactures soit appelé désormais à donner son avis chaque fois qu'on aura à déplorer un accident survenu dans un établissement fonctionnant dans le ressort de votre département.

« Vous voudrez bien m'accuser réception de la présente circulaire.

« Recevez, etc.

« *Le Ministre de l'agriculture et du commerce,*

» *Signé :* C. DE MEAUX. »

leur inspireront leur expérience et leurs sentiments d'humanité [1].

L'administration a appelé spécialement l'attention des inspecteurs, dans ses circulaires, sur le
nombre des accidents. Il est aussi désirable qu'u-
tile que la statistique des accidents soit bien établie ; les chefs d'industrie eux-mêmes ont intérêt à
faire connaître ceux qui se produiraient dans leurs
ateliers, leur responsabilité en sera allégée ; de
plus ils favoriseront, en en indiquant les causes,
l'étude pratique et les perfectionnements des
moyens de protection.

CHAPITRE XII.

Travail dans les établissements insalubres
ou dangereux.

Ateliers interdits. — Les enfants ne peuvent être
employés dans les fabriques et ateliers indiqués au

---

1. Le réglement de l'association de Mulhouse, dans les filatures,
enjoignait au fileur de veiller constamment sur les enfants qui
nettoient les rouleaux des cylindres cannelés du métier et de ne
mettre sa machine en mouvement qu'après avoir donné le signal
de la mise en train et s'être assuré avec soin que l'enfant a quitté
le dessous de la machine. Le tribunal de Mulhouse a condamné à

tableau officiel des établissements insalubres ou dangereux que sous les conditions spéciales, déterminées par un règlement d'administration publique. (Art. 13)

Ce règlement, publié par décret du 14 mai 1875, s'occupe de deux catégories d'ateliers : en premier lieu, il interdit absolument le travail des enfants, de moins de seize ans, dans certains ateliers où le jeune ouvrier, à raison de l'imprudence naturelle à son âge ou de la faiblesse de son organisme, courrait de graves dangers [1].

Tels sont ceux résultant de la nature inflamma-

---

deux mois d'emprisonnement, par application de l'article 320 du Code pénal, un ouvrier qui, faute d'observer ce règlement, avait provoqué un accident qui avait entraîné la mort d'une malheureuse enfant de douze ans. (Tribunal correctionnel de Mulhouse, 15 octobre 1867.)

1. Extrait du rapport du Comité consultatif des arts et manufactures :

« Ainsi que vous le reconnaîtrez, votre Commission a d'abord proscrit tous les établissements qui présentent un danger particulier d'explosion ou d'incendie. Par *danger d'incendie* elle n'entend pas celui qui résulte de l'accumulation de substances simplement combustibles, comme les chantiers de bois à brûler, les dépôts de matières filamenteuses ou même les raffineries de soufre, mais celui qui prend naissance par l'omission de précautions spéciales, lorsqu'il y a, par exemple, dans les ateliers des vapeurs très-inflammables d'éther, d'essences de pétrole ou de térébenthine.

« Votre Commission a également écarté toutes les opérations où s'engendrent des dégagements malsains, le mot malsain étant entendu comme représentant, non-seulement une action actuellement dangereuse, mais aussi une action susceptible de devenir telle par sa continuité et sa durée. C'est ainsi qu'on a soustrait les

ble des agents manipulés, éther, pétrole, térébenthine, etc. ; ceux résultant d'opérations qui engendrent des dégagements *malsains*, comme ceux de
l'acide chlorhydrique, de l'acide sulfureux, etc. ;
ceux produits par des dégagements pulvérulents,
notamment dans le broyage à sec des substances
minérales ou végétales, etc.; enfin, ceux provenant de l'emploi de matières toxiques ou vénéneuses.

Une longue énumération des ateliers où le travail
des enfants est interdit, pour les causes que nous
venons d'indiquer, est produite à la suite du décret, dans le tableau A. (Voy. Appendice.)

enfants aux dégagements d'acide chlorhydrique et d'acide sulfureux, bien que ces gaz respirés accidentellement n'aient pas, en
général, sur les organes d'effet appréciable.

« La même considération s'applique aux dégagements pulvérulents. Il est une foule de poussières provenant du broyage à sec ou
du blutage de substances minérales ou végétales, qui ne sont pas
à proprement parler toxiques ou vénéneuses, mais qui en agissant
constamment sur les voies respiratoires finissent par y produire de
graves désordres. Votre Commission a pensé qu'il fallait y soustraire les enfants, moins susceptibles de résistance et plus oublieux
des précautions que les adultes, et en conséquence elle a proscrit
leur présence dans les ateliers où ces poussières ne sont pas en-
traînées par des moyens de ventilation appropriés, au fur et à
mesure de leur formation.

« Votre Commission a pensé aussi, en s'appuyant sur les exemples mêmes donnés par la loi, que les enfants devaient être éloignés
de tous les locaux où l'on fait usage de matières toxiques ou dangereuses, comme dans certaines teintureries. Sans doute des précautions peuvent être prises pour préserver les enfants du contact
immédiat de ces substances, mais un accident est toujours possible,

Ateliers ouverts à certaines conditions. — En second lieu, le décret du 14 mai 1875, s'occupe des
ateliers où l'emploi des enfants est autorisé sous
certaines conditions.

Cette catégorie comprend d'abord les industries
où le travail doit être pratiqué avec prudence et où
il est seulement incommode ou désagréable, sans
être malsain. Cette désignation s'applique notamment aux fabriques de noir animal, d'engrais, de
suif, de colle forte, etc. Les émanations produites
par ces manipulations sont nauséabondes, mais
l'expérience ne démontre pas qu'elles soient préjudiciables à la santé.

Les industries de cette catégorie sont énumérées

et il n'apparaît pas que la nécessité d'employer ces jeunes travailleurs doive l'emporter sur une semblable considération.

« Au contraire, votre Commission a estimé que l'interdiction
d'occuper les enfants ne devait pas s'étendre aux industries qui
sont simplement incommodes ou désagréables, sans être précisé-
ment malsaines. Cette remarque s'applique notamment aux fabriques d'engrais, de noir animal, de suif, de colle-forte, etc. Les
odeurs y sont fréquemment nauséabondes, mais l'expérience ne
montre pas qu'elle soient préjudiciables à la santé. Votre Commission a donc conclu qu'on pouvait y laisser pénétrer les enfants,
sous les conditions, bien entendu, des lois et règlements sur la
matière.

« C'est ainsi qu'ont été dressés les tableaux A et B que nous
venons vous soumettre.

« Ils ne sont autres que la nomenclature officielle des établisse-
mens insalubres, dangereux ou incommodes. donnée par le décret
de 1866, en regard de chacun desquels nous avons indiqué que la
présence des enfants pouvait être autorisée avec ou sans conditions,
ou devait être formellement interdite. »

dans le tableau B annexé au décret. (Voy. Appendice.) Pour chacune d'elles on indique les ateliers où les enfants de moins de seize ans, pourront être employés, et la durée du travail qu'ils pourront y faire.

Dispositions générales. — Dans les établissements, non indiqués aux deux tableaux A et B ci-dessus relatés, mais qui se trouveraient compris dans la nomenclature générale des établissements dangereux, incommodes ou insalubres (décrets du 31 décembre 1866 et 31 janvier 1872), le travail des enfants est autorisé sans autres conditions que celles prescrites par la loi du 19 mai 1874 et par les autres lois et règlements sur la matière. (Art. 3, décret du 14 mai 1875.)

Les dispositions que nous venons de signaler ne sont pas, au surplus, absolument limitatives. La science transforme si souvent, par ses progrès, les procédés de la fabrication, qu'on doit s'attendre à voir des modifications, corrélatives à ces transformations, figurer bientôt dans de nouveaux règlements du conseil d'État. On ne doit pas, d'ailleurs, perdre ceci de vue : l'interdiction, édictée par l'article 13 de la loi en termes précis, doit être généralement appliquée à toutes les opérations où l'ouvrier est exposé à des manipulations ou à des émanations préjudiciables à sa santé.

CHAPITRE XIII.

Inspection. — Corps des Inspecteurs. Circonscriptions.

Inspecteurs divisionnaires. — L'exécution de la loi du 19 mai 1874 est confiée, d'une manière générale, à un corps de quinze inspecteurs divisionnaires, nommés et rétribués par le gouvernement. (Art. 14.)

Le Comité des arts et manufactures chargé de préparer les divisions des quinze circonscriptions, a pris pour base de son travail les éléments suivants :

1° La statistique du nombre des enfants employés dans les divers départements au travail des ateliers ou des usines ;

2° La distribution des lignes de chemins de fer sur la surface du territoire ;

3° La géographie physique et politique de la France.

Le département de la Seine forme à lui seul une circonscription : l'expérience a prouvé qu'un inspecteur, quelque actif et zélé qu'il pût être, suffisait à peine à la surveillance des établissements soumis dans ce département à l'application de la loi de 1841. Sous l'empire de la loi nouvelle, les difficultés se sont multipliées par la nécessité d'étendre la surveillance sur ces milliers de petits ateliers, qui sont comme autant de cellules de l'immense ruche où s'élabore, pour le monde entier, la production des objets d'art et de goût.

Ce que nous disons de la circonscription de la Seine n'est pas moins vrai à l'égard de plusieurs autres circonscriptions, dont quelques-unes comprennent de cinq à sept départements. Dans plusieurs, l'obstacle vient moins du nombre même des usines que des distances à franchir pour les visiter. Cette situation appelle une réforme prochaine; elle s'impose de jour en jour davantage par les progrès croissants de l'application de la loi.

Chaque inspecteur doit résider dans sa circonscription (art. 16), afin que toutes les réclamations relatives à son service puissent lui être facilement adressées. Un décret du 15 février 1875 a déterminé les départements compris dans chaque circonscription industrielle, et a assigné à chaque inspecteur la ville de sa résidence. (Voy. à l'Appendice.)

« Sont admissibles, d'après la loi, aux fonctions d'inspecteur, les candidats qui justifient du titre d'ingénieur de l'État ou d'un diplôme d'ingénieur civil, ainsi que les élèves diplômés de l'École centrale des arts et manufactures et des écoles des mines.

« Sont également admissibles, ceux qui ont déjà rempli pendant trois ans au moins, les fonctions d'inspecteur du travail des enfants ou qui justifient avoir dirigé ou surveillé pendant cinq années, des établissements industriels occupant cent ouvriers au moins. » (Art. 17.)

On le voit, d'après ces dispositions, le législateur s'est attaché à n'appeler aux fonctions de l'inspection que des hommes éprouvés dans les études scientifiques, ou justifiant de connaissances pratiques en matière industrielle.

Ces justes exigences prêtent à l'action des inspecteurs une légitime autorité; les industriels seront d'autant plus disposés à écouter leurs conseils et à accueillir avec sympathie leurs personnes, qu'ils doivent reconnaître en eux des fonctionnaires vraiment dignes de leur mandat.

Le corps des inspecteurs relève du ministère de l'agriculture et du commerce.

Les inspecteurs correspondent avec M. le secrétaire général de ce ministère, sous les ordres duquel ils sont hiérarchiquement rangés. Ils doivent, en outre, adresser chaque année des rapports, sur l'état de leur service, à la Commission supérieure de l'inspection instituée par la loi. (Art. 19.) Le corps des inspecteurs est placé sous le patronage et la haute direction morale de ce Conseil supé-

rieur. Les préfets ne peuvent, comme la prétention en a été émise, demander aux inspecteurs la
copie de leurs rapports ni des rapports spéciaux,
sans une autorisation du ministère du commerce
qui règle le service de l'inspection.

Inspecteurs-adjoints.—Les Conseils généraux sont
autorisés (art. 21) à nommer des inspecteurs spéciaux rétribués sur les fonds du département.
Cette disposition a pour objet de suppléer à l'insuffisance du service dans les régions les plus
industrielles. La loi offre ici un moyen de solution
à la question du développement reconnu indispensable du corps de l'inspection. Les moindres
exigences du service réclameraient un inspecteur
dans chaque département, et un nombre d'inspecteurs proportionnel aux besoins dans les départements industriels. Plusieurs départements, la
Seine, la Seine-Inférieure, le Nord, le Lot-et-Ga-
ronne, l'Aude, ont nommé des inspecteurs-adjoints.
On peut dire, néanmoins, que les Conseils généraux
ne se sont engagés que trop timidement encore
dans cette voie féconde. La nomination des inspecteurs-adjoints est faite par le Conseil général.
Cette mesure a paru indispensable au législateur,
dans le but de déterminer ces Conseils à faire les
sacrifices budgétaires nécessaires pour le traitement des inspecteurs-adjoints. L'Assemblée nationale a d'ailleurs voulu, soit dans le choix des
membres des Commissions locales, soit dans la

nomination des inspecteurs-adjoints, faire une légitime place à l'esprit de décentralisation. Il est manifestement utile aussi que les conseils généraux soient ainsi directement associés à l'œuvre bienfaisante du législateur.

Une dépêche ministérielle du 22 mars 1875 avait, il est vrai, émis l'opinion que la nomination des inspecteurs-adjoints pourrait être faite par les préfets, sur une liste de présentation des conseils généraux ; mais on a dû abandonner depuis une solution qui était en contradiction manifeste avec le texte et l'esprit de la loi.

Ces agents spéciaux devront, pour la régularité du service, et comme l'indique leur titre d'inspecteurs-adjoints, agir sous la direction de l'inspecteur de la circonscription. Ce fonctionnaire devient ainsi leur chef hiérarchique.

CHAPITRE XIV.

Rôle des inspecteurs. — Attributions [1].

Attributions des inspecteurs. — Le rôle de l'inspection est avant tout une mission de conciliation

---

1. Une circulaire ministérielle, du 29 mai 1875, détermine les

et de prosélytisme pour la vulgarisation de la loi.
C'est par la persuasion et les bons conseils que
l'inspecteur doit d'abord agir. Les mesures de rigueur ne doivent être prises par lui qu'à la dernière extrémité, et en face d'un mauvais vouloir
bien constaté.

Les inspecteurs ont entrée dans tous les établis-

---

fonctions et les attributions des inspecteurs, elle s'exprime ainsi :

« Ces fonctionnaires ont entrée, aux termes de la loi, dans tous
les établissements, manufactures, ateliers et chantiers; ils visitent
les enfants et se font représenter le registre prescrit par l'article 10,
les livrets, les feuilles de présence aux écoles, les règlements
intérieurs des ateliers. Ils constatent les contraventions par procès-
verbaux. (Ces procès-verbaux font foi jusqu'à preuve contraire;
ils sont dressés en double exemplaire, l'un envoyé au préfet et
l'autre déposé au parquet; les formules de ces procès-verbaux
seront données.) Les inspecteurs signalent les causes de danger ou
d'insalubrité que présentent les ateliers et prennent, à ce sujet,
l'avis des commissions locales; enfin chaque année ils doivent
présenter un rapport d'ensemble qui sera soumis par le ministre
à la Commission supérieure.

« Je ne mets pas en doute que MM. les inspecteurs ne soient
partout reçus avec déférence dans les usines, ateliers ou chantiers
qu'ils visiteront, mais il importe que leur identité ne puisse jamais
être méconnue; dans ce but, ils seront toujours porteurs de la
carte de service que l'Administration a préparée et qui leur sera
adressée; ils devront également être munis d'un exemplaire de la
loi et des règlements, et tenir un carnet sur lequel seront inscrites
les observations faites ou recueillies pendant les visites.

« L'Administration a fait imprimer des feuilles d'instructions
résumant les principales dispositions de la loi; il sera bon que,
lors de la première visite dans les établissements, l'inspecteur re-
mette un exemplaire de ces instructions à l'industriel, afin qu'il
ait une connaissance précise de ses principales obligations. Un
registre-répertoire, résumant les notes prises dans chaque visite,
a également été imprimé; ce registre devra être tenu avec soin

sements manufacturiers, ateliers et chantiers. Ils visitent les enfants; ils peuvent se faire représenter le registre prescrit par l'article 10, les livrets, les feuilles de présence aux écoles, les règlements intérieurs. (Art. 18.)

Les manufactures de l'État sont comme toutes les autres soumises à l'application de la loi. L'État dans ses ateliers agit comme particu-

par l'inspecteur; les indications inscrites sur ce registre faciliteront la préparation des rapports.

« Les visites devront être faites soit de jour, soit de nuit, soit enfin les dimanches et jours fériés. Elles seront aussi fréquentes que possible; les inspecteurs s'inspireront de cet esprit de bien-veillance et de fermeté qui éclaire et conseille plutôt qu'il ne réprime; ils écouteront les plaintes ou les réclamations qui leur seront adressées; ils feront comprendre à tous la pensée de la loi, qui n'est pas de gêner l'industrie, mais bien d'assurer le développement intellectuel et physique de l'enfant, en vue même de faciliter le progrès du travail national. Bien renseignés sur le mobile qui a dirigé le législateur, les industriels comprendront les avantages de la loi et rendront ainsi, je l'espère, très-rare la rédaction de procès-verbaux destinés à préparer la répression des contraventions.

« L'exercice de leur fonction mettra MM. les inspecteurs en relations fréquentes avec les diverses autorités administratives et judiciaires; ils accompliront vis-à-vis de ces autorités les devoirs de convenances hiérarchiques; ils tiendront à honneur de mériter de leur part un concours empressé qui facilitera l'accomplissement de leur mission, et partout ils l'obtiendront, je n'en saurais douter.

« Indépendamment du rapport annuel prévu par la loi, ils auront à me faire parvenir tous les mois un rapport spécial dans lequel ils rendront compte des faits qu'ils auront constatés, de la manière dont la loi et les règlements sont compris et exécutés dans leur circonscription.

« *Le ministre de l'agriculture et du commerce,*

« *Signé :* C. DE MEAUX. »

lier et non comme personne publique; il fe-
rait une concurrence déloyale à l'industrie privée
s'il avait le privilége de se soustraire aux obligations qui sont imposées à celle-ci.

La question de savoir si les inspecteurs peuvent
visiter les manufactures de l'État devrait donc être
résolue dans le sens de l'affirmative. Nous ne fe-
rions d'exception qu'à l'égard des ateliers dépendant de l'autorité militaire ou de la marine. On
comprend les motifs de cette réserve. MM. les mi-
nistres de la guerre et de la marine devant d'ailleurs assurer l'exécution de la loi, sous leur surveillance, dans ces ateliers.

Cette opinion n'a cependant pas prévalu : une
circulaire ministérielle, du 20 mars 1877, a invité
MM. les inspecteurs à s'abstenir de visiter les établissements de l'État. Ces établissements restent
dès lors sous la surveillance des départements ministériels desquels ils relèvent; ce sera à ceux-ci
à faire observer la loi sous leur propre responsabilité[1]

En règle générale, les manufactures sont ou-

1. Voici les termes de la circulaire :

« Il résulte de la correspondance échangée entre mon administration et les différents départements ministériels à ce sujet, que la
loi de 1874 est exactement observée dans les établissements qui
appartiennent à l'État et que des instructions ont été données aux
officiers ou ingénieurs qui sont placés à la tête de ces établissements, afin de veiller à l'application de la loi. Ces établissements
restent, dès lors, sous la surveillance des départements ministé-

vertes aux inspecteurs sur le vu de leur commission ou carte qu'ils présentent au chef d'atelier. Ils doivent être munis de feuilles d'instructions qu'ils remettent aux industriels pour les éclairer sur leurs devoirs et leurs obligations.

Serment. — L'inspecteur doit-il être assermenté pour pouvoir verbaliser? On avait d'abord pensé que cette formalité n'était point indispensable pour les inspecteurs divisionnaires; ils sont, en effet, fonctionnaires de l'État et reçoivent l'investiture de leurs fonctions par décret du président de la République; ils les exercent en vertu de la délégation du ministre sous l'autorité de qui ils sont placés. La question toutefois ne se pose plus aujourd'hui. Elle a été résolue par une circulaire ministérielle[1]. Les inspecteurs divisionnaires prêtent serment

riels desquels ils relèvent et MM. les inspecteurs divisionnaires n'ont pas à y intervenir.

« Recevez, Monsieur, etc.

« *Le ministre de l'agriculture et du commerce,*

« *Signé :* TEISSERENC DE BORT. »

1. Circulaire du ministre du commerce aux préfets, du 30 novembre 1875, dont voici les termes :

« J'ai reconnu, d'accord avec M. le garde des sceaux, que le serment prêté par les fonctionnaires doit être unique, mais que ce serment, alors que le fonctionnaire a des attributions étendues dans plusieurs départements, devait être prêté entre les mains du ministre duquel il relève, ou devant un délégué de ce ministre. J'ai l'honneur de vous attribuer cette délégation et j'en informe M. l'inspecteur divisionnaire en résidence dans votre département. Le procès-verbal de la prestation du serment devra mentionner

entre les mains du ministre du commerce ou entre
les mains du préfet du département de leur résidence, délégué par le ministre pour le recevoir en
son nom. Les inspecteurs divisionnaires sont ainsi
dispensés de prêter le serment auprès de chacun
des préfets des départements compris dans leur
circonscription.

Quant aux inspecteurs-adjoints ils prêtent directement le serment entre les mains du préfet du
département où le conseil général les a investis de
leurs fonctions.

Visite des ateliers. — Afin que l'identité de l'inspecteur ne soit jamais révoquée en doute il devra,
dans ses visites, être toujours porteur de la carte
qui lui est à cet effet délivrée par l'administration
supérieure. L'inspecteur doit également être muni
d'un exemplaire de la loi et des règlements applicables à l'industrie qu'il visite ; enfin il doit tenir
un carnet sur lequel sont inscrites les observations
qu'il recueille lui-même ou qui lui sont présentées par les industriels pendant le cours de ses
visites.

cette délégation. Il ne 'agit, bien entendu, que du serment professionnel; la formalité du serment politique n'existe plus. Si déjà
M. l'inspecteur divisionnaire a prêté serment sans que cette délégation ait été mentionnée, il conviendra de remplir à nouveau
cette formalité dans les termes que j'indique.

« Recevez, Monsieur le préfet, etc.

« *Le ministre de l'agriculture et du commerce,*

« *Signé :* C. DE MEAUX. »

L'inspecteur doit se faire un devoir, lors de sa première visite dans un établissement industriel de remettre au chef d'industrie un exemplaire des feuilles d'instruction que l'administration a fait imprimer pour cet effet, afin qu'il ait une connaissance précise de ses obligations. Un registre répertoire est également délivré par l'administration à l'inspecteur; il doit y consigner les notes prises dans chaque visite. Ce registre, tenu avec soin, facilitera la rédaction des rapports et au besoin servira à les contrôler. « Les visites, dit la circulaire ministérielle, devront être faites soit de jour, soit de nuit, soit enfin les dimanches et jours fériés, elles seront aussi fréquentes que possible : l'inspecteur s'inspirera de cet esprit de bienveillance et de fermeté qui éclaire et conseille plutôt qu'il ne réprime. »

L'industriel, de son côté, doit se prêter à l'exécution de la loi. Il est de son intérêt de ne rien négliger pour mettre l'inspecteur au courant des conditions de sa fabrication et de la tenue de son personnel et de ses ateliers. C'est un devoir pour lui de recevoir l'inspecteur avec les égards et la déférence qui sont dus aux représentants de l'autorité. S'il manquait aux convenances, vis-à-vis de ce fonctionnaire, ou résistait à ses légitimes observations il serait rappelé à son devoir par l'application des dispositions pénales inscrites dans l'article 28 de la loi. (Art. 28.)

Les instructions ministérielles recommandent avec soin aux inspecteurs de remplir les obligations de convenance hiérarchique que leur imposent les rapports avec les autorités administratives et judiciaires; ils ne doivent rien négliger pour s'assurer leur bienveillant et efficace concours.

Procès-verbaux. — Les contraventions sont constatées par les procès-verbaux des inspecteurs; ils font foi jusqu'à preuve contraire et peuvent, par conséquent, être contredits par tous les témoignages que le chef d'atelier, en cas de poursuite, jugera utile de produire.

Lorsqu'il s'agira de travaux souterrains, les contraventions seront constatées concurremment par les inspecteurs ou par les garde-mines (Art. 18).

Les procès-verbaux sont dressés en double exemplaire, dont l'un est envoyé au préfet du département et l'autre déposé au parquet. Hiérarchiquement, les inspecteurs ont à communiquer avec les préfets qui sont les intermédiaires naturels entre eux et l'administration centrale; ils doivent se tenir également en rapports constants avec les chefs des parquets en qui ils trouveront leurs plus utiles auxiliaires.

Dans quelques ressorts judiciaires, les chefs du parquet avaient pensé qu'ils pouvaient faire contrôler les procès-verbaux des inspecteurs par la gendarmerie ou par les officiers de police judiciaire. La Commission supérieure a pensé, avec

juste raison, que ce système de suspicion portait
atteinte au caractère de fonctionnaires auxquels il
convient au contraire de maintenir, vis-à-vis des
industriels, tout le prestige indispensable pour
l'exercice de leur délicate mission. Une circulaire
de M. le garde des sceaux aux procureurs généraux, en date du 1er mars 1876, a fait droit à ces légitimes susceptibilités. « Ce serait nuire à l'autorité des inspecteurs, dit la circulaire, que de soumettre les procès-verbaux qu'ils transmettent aux
parquets à un contrôle habituel de la part des
agents de la police judiciaire. Les procureurs devront donc s'abstenir de faire vérifier, soit par les
commissaires de police, soit par la gendarmerie,
les faits qui auront été l'objet de constatations régulières de la part des inspecteurs. »

On doit tirer encore de la circulaire du 1er mars
1876, cette conséquence que la confiance à ajouter
aux procès-verbaux des inspecteurs engagera
les parquets à leur éviter des déplacements toujours onéreux et souvent nuisibles à leur service
pour les appeler à déposer à l'audience correctionnelle sur les contraventions qu'ils ont relevées.
On ne les y appellera qu'en cas de sérieuse nécessité. Mais il n'est pas douteux que si le ministère public juge indispensable la déposition de
l'inspecteur, celui-ci devra se rendre fidèlement à
la citation qui lui est adressée. Il doit en un mot,
au point de vue du concours à prêter à la justice,

de la foi de ses procès-verbaux, de la présentation
à l'audience de l'indemnité due pour son déplace-
ment être traité comme les officiers de police judiciaire auxquels la loi l'a assimilé.

Constatations. — Lorsque les inspecteurs auront
reconnu qu'il existe, dans un établissement ou atelier, une cause de danger ou d'insalubrité, ils
prendront l'avis de la Commission locale, ci-dessous indiquée, sur l'état de danger ou d'insalubrité et ils consigneront cet avis dans un procès-verbal. (Art. 18.)

Ces avis permettront ultérieurement aux magistrats d'apprécier, à titre d'expertise, si le danger
ou l'insalubrité sont réels; ils éclaireront également les juges sur la bonne foi ou le bon vouloir
de l'industriel, s'il s'est efforcé de faire disparaître
les vices d'organisation de ses ateliers.

Tolérance. — *Transactions.* — L'une des questions les plus délicates qui se présente, dans
l'exercice de l'inspection, est celle de la *tolérance*,
qu'il y a lieu d'accorder sur la mise en vigueur de
certaines dispositions de la loi. Quel est le caractère de cette tolérance? dans quelle mesure peut-
elle être accordée? pour combien de temps? Telles
sont les questions, qui sur ce point, sollicitent
une solution dont on trouvera dans la pratique de
fréquentes occasions d'application.

La tolérance, recommandée par les circulaires
ministérielles et nécessitée par la pratique de

l'inspection, n'a pas le caractère juridique d'une suspension d'exécution de la loi, d'une mesure transitoire d'abstention et d'inertie. Elle doit être considérée comme une mesure d'indulgence accordée à la bonne foi et au bon vouloir de l'industriel qui fait des efforts pour l'accomplissement de ses devoirs. C'est un encouragement à l'application de la loi. En aucune manière cette tolérance ne pourrait faire échec à la loi, en énerver l'action, elle ne peut être accordée qu'à des industriels qui par leurs actes et leurs œuvres veulent se rapprocher le plus possible de son but, se pénétrer de son esprit et arriver progressivement à son entière exécution.

En un mot, la tolérance de l'inspection est un auxiliaire de la loi; elle ne saurait à aucun titre en devenir la critique, la contradiction, l'énervement.

Cela dit du caractère à attribuer à la tolérance, il devient incontestable qu'elle ne peut suspendre pour un délai fixe et déterminé l'exécution de la loi. L'inspecteur peut s'engager à ne pas faire de procès-verbal, il n'appartient pas plus, à l'agent secondaire qu'au ministre, de dire que les lois ne seront pas appliquées. Les circonstances peuvent exiger cette application; la magistrature, gardienne vigilante de leur autorité, est toujours en droit d'en réclamer la mise à exécution. C'est ce qui a dû être dit aux membres de chambres syndicales de Paris, aux passementiers notamment, qui s'étaient autorisés de déclarations mal comprises de l'inspection pour affimer dans une circulaire à leur corporation, que la loi ne serait pas appliquée dans certaines dispositions, jusqu'à une date assez éloignée. Non-seulement MM. les inspecteurs doivent se montrer réservés dans des déclarations qui pourraient donner lieu à une fausse interprétation ; mais ils ne doivent pas surtout perdre de vue que l'indulgence dans l'application de la loi ne saurait en aucun cas être entendue comme une atteinte à son autorité ou un abandon de son exercice.

Plus on s'éloigne d'ailleurs de l'époque où le législateur a fourni aux industriels par des délais prolongés et des mesures transitoires de faveur, la facilité de transformer l'organisation de leurs ateliers, pour les mettre en harmonie avec le nouvel état de choses créé par elle, plus on doit se montrer ménager de la tolérance des premiers jours. Les droits de la concurrence ont aussi leurs légitimes exigences. L'égalité devant la loi est la plus nécessaire de toutes. Les industriels d'une région, qui se sont de bon cœur soumis aux prescriptions qui les touchent, peuvent bien attendre des agents de l'autorité cette légitime satisfaction qu'ils ne verront pas mieux traiter qu'eux-mêmes ceux qui ont été les plus lents dans l'œuvre de la soumission au pouvoir législatif. Un sentiment de justice domine la question : la loi pour tous, tel est le principe que réclament à la fois les intérêts des commerçants et ceux de l'équité.

Ce sentiment a été exprimé avec beaucoup de sens et de discernement dans le rapport adressé par la deuxième commission locale de la Seine[1] à M. le préfet de police. « Les facilités, dit ce rapport, qu'il faut accorder à tous, industriels et chefs de famille, ce ne sont pas le dégrèvement des parties de la loi qui les gênent le plus et qui, pour eux, sont toute la loi, quitte à se montrer plus exigeants pour celles qui ne leur coûtent rien à observer....

« Entrer dans cette voie ce serait ouvrir la porte à bien des abus, donner prise à la critique, faire naître chez beaucoup des désirs et des espérances irréalisables, blesser enfin le sentiment d'égalité devant la loi si inféodé chez nous, que l'on peut affirmer sans crainte que rien de durable ne se fonde quand on y porte atteinte. »

La deuxième commission locale de la Seine estime avec raison qu'à la tolérance il convient de substituer des facilités plus grandes : 1° dans le but de faire connaître la loi à chacun par une large publicité; 2° en procurant à tous des moyens plus rapides et plus accessibles d'obtenir les pièces exigées par la loi; 3° en mettant l'instruction à la portée des

1. MM. Dumangin, président; Berger, secrétaire.

enfants de l'industrie par la création d'écoles de
demi-temps ou de classes spéciales ; 4° en facilitant
à ceux dont l'instruction est suffisante, l'obtention
des certificats d'études.

Il appartient à MM. les inspecteurs de seconder
cette initiative en poussant de tous leurs efforts
les administrations locales dans cette voie féconde
en bons résultats.

Les inspecteurs peuvent-ils transiger sur leurs
procès-verbaux ? Nullement. Ce serait contraire à
l'esprit de la loi. Le dommage causé par les infractions à ses dispositions protectrices n'est pas,
en effet, purement matériel, fiscal, comme en matière forestière ou de contributions indirectes, il
est moral et d'ordre public, la réparation ne peut
en être ordonnée que par les tribunaux.

Nous pensons toutefois, que les inspecteurs
peuvent ne pas donner suite à leurs procès-verbaux avant le dépôt au parquet ; ils doivent être
considérés jusque-là, comme parties plaignantes
et conserver la faculté du retrait de la plainte.
Cette faculté est nécessaire. Le chef d'atelier, qui
s'est montré, au début, récalcitrant et rebelle à la
loi, peut en effet donner satisfaction avant la poursuite ; on aurait dans ce cas à se montrer indulgent
pour celui qui répare sa faute. Les inspecteurs
devront toutefois n'user de la faculté de ne point
donner suite à leurs procès-verbaux qu'avec une
extrême réserve. La pratique apprend que l'on

n'épargne aucune démarche pour faire hésiter l'inspection dans l'accomplissement de son devoir ou obtenir son silence ; il serait donc regrettable que les inspecteurs se laissassent aller à une indulgence que l'opinion publique ne tarderait pas à taxer de faiblesse ; peut-être même de compromission.

Le parquet n'en conservera pas moins, dans ce cas, le droit qui lui appartient d'une manière générale, de reprendre la poursuite à sa requête.

Au contraire, après le dépôt des procès-verbaux au parquet, l'inspecteur est dessaisi de tout pouvoir, la justice seule doit agir : c'est ce qu'indiquent expressément les termes de la circulaire du 25 mai 1875.

CHAPITRE XV.

Concours du parquet. — Officiers de police judiciaire.

Droit commun. — Les dispositions de la loi, relatives à l'inspection, ne dérogent point aux règles du droit commun, quant à la constatation et à la poursuite des infractions commises à ses prescriptions (Art. 18).

De là cette conséquence naturelle que l'inspection doit se tenir en rapports constants avec les membres du parquet et agir d'accord avec eux. Une circulaire de M. le garde des sceaux a nettement déterminé le caractère de ces rapports[1].

Le législateur a voulu faire ressortir, par cette disposition, que les droits de surveillance et de coercition conférés aux inspecteurs ne sont pas exclusifs. Ainsi, le droit de verbaliser ne rentre point uniquement dans leurs attributions. Les règles du droit commun restent applicables à la matière. De là, il résulte que les agents de la jus-

---

1. Voici les termes de cette circulaire qui porte la date du 1er mars 1876 :

« Monsieur le procureur général, la loi du 19 mai 1874, sur le travail des enfants et des filles mineures employés dans l'industrie, a créé, pour surveiller l'exécution des dispositions qu'elle contient, quinze inspecteurs divisionnaires répartis en autant de circonscriptions territoriales.

« Les procès-verbaux dressés par ces nouveaux inspecteurs devant faire foi jusqu'à preuve contraire (art. 18), ils devraient être astreints au serment professionnel avant d'entrer en fonctions. Il a été décidé qu'ils prêteraient serment devant le préfet du département de leur résidence, délégué spécialement à cet effet par le ministre de l'agriculture et du commerce, lorsque leur surveillance s'étendrait sur deux ou plusieurs départements (Circulaire du ministre de l'agriculture et du commerce du 30 novembre 1875).

« Une autre circulaire du même département a recommandé aux préfets de réclamer l'avis de l'inspecteur, lorsque des enfants sont victimes d'accidents survenus dans les usines et ateliers confiés à leur surveillance (Circulaire du 29 août 1875).

« M. le ministre pense que ces fonctionnaires pourront fournir

tice, à tous les degrés, ont le droit et le devoir de veiller à l'exécution de la loi du 19 mai 1874, comme à celle de toutes les autres lois pénales.

Pour bien préciser sa pensée, à cet égard, la Commission de l'Assemblée nationale avait d'abord inscrit, dans son projet, cette formule : *Les officiers de police judiciaire, concurremment avec les inspecteurs, constateront les infractions commises à la présente loi.*

Cette formule a disparu du projet à la troisième lecture ; elle a paru blessante pour les industriels qu'elle exposait trop aux excès de zèle des agents

des renseignements utiles sur la situation de l'usine et sur l'inexécution des mesures qu'ils auraient prescrites afin de remédier aux dangers qu'offriraient certaines installations d'ateliers. Je vous prie de recommander aux magistrats qui ont à diriger des enquêtes judiciaires de recourir, dans les mêmes cas, à l'expérience et aux connaissances spéciales des inspecteurs.

« Malgré l'autorité reconnue aux procès-verbaux des inspecteurs, les chefs de parquet et juges d'instruction peuvent faire constater les infractions qui leur seraient dénoncées par toutes les voies de droit commun. (Art. 18 déjà cité.)

« Mais le vœu de la loi est que les inspecteurs soient les surveillants ordinaires des ateliers et manufactures où ils ont le droit d'entrer et de visiter les enfants. Ce serait nuire à leur autorité que de soumettre les procès-verbaux qu'ils transmettent aux parquets à un contrôle habituel de la part des agents de la police judiciaire. Vos substituts devront donc s'abstenir de faire vérifier, soit par le commissaire de police, soit par la gendarmerie, les faits qui auront été l'objet de contestations régulières de la part des inspecteurs.

« Recevez, etc.

« *Le garde des sceaux ministre de la justice,*

« *Signé* : DUFAURE. »

de la police judiciaire. Mais, en rentrant dans les dispositions du droit commun, l'exécution de la loi reste placée encore sous la protection de l'autorité judiciaire.

Il n'est donc pas douteux qu'on devrait décider aujourd'hui, comme on l'a fait sous la loi de 1841, que les commissaires de police ont le droit de s'introduire dans les établissements industriels, à toute heure et sans réquisition, pour se faire rendre compte de l'exécution des dispositions de la loi et dresser procès-verbal des contraventions qui y seraient commises (C. inst. crim., art. 11; const. 22 frimaire an VIII, art. 76; loi du 19 mai 1874, art. 18; loi du 22 mars 1841, art 10 et 11; cass. rejet., 16 nov. 1860 *Calland-Belisle* D. P. 60. 1.512).

Les officiers de police judiciaire doivent donc veiller à l'exécution de la loi dans les conditions générales de leurs attributions. Ils n'ont pas, comme les inspecteurs, à entrer journellement dans les ateliers; on y verrait un esprit de suspicion ou de vexation. Mais, toutes les fois que le bruit public, un flagrant délit, une manifestation ostensible, une dénonciation directe des intéressés ou d'un père de famille signaleront à l'officier de police judiciaire des infractions à la loi,

1. *Id.* Jules Périn : *le Travail des enfants dans les manufactures devant la jurisprudence.*

dans un atelier, il aura le droit d'y pénétrer et
de verbaliser. C'est là un mandat général résultant de ses fonctions. Pour plus d'égards vis-à-vis
de l'industriel, il peut d'ailleurs se munir d'une
délégation du parquet; dans ce dernier cas, c'est
en vue d'une instruction spéciale qu'il pénétrera
dans l'atelier pour constater des faits déterminés.

La loi concilie de cette manière, le droit du patron de faire respecter le seuil de son atelier
comme celui du domicile, avec l'obligation où
chacun est de se soumettre, en cas de dénonciation ou en cas de prévention d'un délit, au contrôle de la justice. Les tribunaux correctionnels
peuvent d'ailleurs être saisis de l'examen des contraventions à la loi de 1874 par tous les moyens
de preuves admissibles pour les délits ordinaires. Déjà, sous l'empire de la loi de 1841, il avait
été jugé que les contraventions à cette loi pouvaient être établies, non pas seulement à l'aide
de procès-verbaux émanés des inspecteurs et des
magistrats auxquels est accordé le droit d'entrer
sans réquisition dans les manufactures, mais par
tout mode de preuve du droit commun. (Cassation,
ch. crim., 15 mars 1862. D. P. 62, 1.444). La
même opinion est exprimée par Dalloz (v° industrie, n° 465.)

Le concours des officiers de police judiciaire
permet aux inspecteurs, quand ils ont visté une
région et ont prescrit des réformes dans un atelier,

d'en confier l'exécution au vigilant contrôle de l'autorité judiciaire. L'inspecteur peut aussi, le cas échéant, réclamer le concours des officiers de police judiciaire, soit pour l'assister, soit pour le suppléer en son absence, dans la constatation de toutes les infractions à la loi qui lui sont signalées par les plaintes des intéressés ou les avis des commissions locales. Cette faculté résulte formellement des termes du dernier paragraphe de l'article 18. Ainsi, M. l'inspecteur de la 7e circonscription a fait verbaliser par l'intermédiaire de M. le commissaire de police de Liancourt (6 octobre 1875) contre un fabricant de chaussures qui n'avait point, après avertissements réitérés, tenu compte de ses prescriptions. Du reste, il n'est pas toujours nécessaire, pour que l'inspecteur dresse procès-verbal de contravention, qu'il ait constaté les faits *de visu;* s'il en est prévenu par un rapport ou par voie de dénonciation, il lui suffit d'en référer au parquet pour que l'instruction ait lieu et que la répression soit poursuivie. (Jugement du tribunal correctionnel de Marseille du 4 avril 1876, aff. Régis et Ce. Journal le *Sémaphore* de Marseille, du 6 avril 1876). La loi recevra ainsi une sanction efficace et pratique. Les chefs d'ateliers, de leur côté, en étant soumis aux règles uniformes et inflexibles du droit, se sentiront protégés contre l'arbitraire.

CHAPITRE XVI.

Commissions locales[1].

Organisation. — Le législateur dans le but de compléter le service de l'inspection, insuffisant,

1. Voici les instructions qui ont été données aux préfets par le ministre du commerce pour la formation de ces commissions :

« Aux termes de l'article 21, le conseil général de chaque département doit déterminer le nombre et la circonscription des commissions locales ; il devra en être établi une au moins par arrondissement et une, en outre, dans les principaux centres industriels ou manufacturiers. Ces commissions locales devront être composées de cinq membres au moins, de sept au plus nommés par le préfet, sur une liste de présentation arrêtée par le conseil général. La loi indique que l'on devra faire entrer, autant que possible, dans chaque commission, un ingénieur de l'État ou un ingénieur civil, un inspecteur de l'instruction primaire et un ingénieur des mines dans les régions minières.

« La loi n'est exécutoire qu'une année après sa promulgation qui a eu lieu le 3 juin, mais il importe d'en préparer dès à présent le fonctionnement. Je vous invite en conséquence, monsieur le préfet, à prendre les dispositions nécessaires pour que le conseil général de votre département soit en mesure, dans sa prochaine session, de déterminer le nombre et la circonscription des commissions et de dresser les listes de présentation qui serviront de base aux nominations que vous avez à faire.

« La mission confiée aux commissions locales est importante et délicate ; il est du plus haut intérêt que ces commissions soient composées de personnes dont la compétence et l'honorabilité gaau début, pour l'étendue de sa tâche, a jugé utile d'instituer, dans la France entière, des commissions locales chargées de faciliter l'exécution de la loi du 19 mai 1874. Les fonctions de ces commissions sont gratuites ; on fait appel, pour les composer, au zèle et au dévouement des hommes de bien [1].

« Il est indispensable, suivant la circulaire aux

rantissent l'accomplissement des devoirs que la loi leur délègue.

« J'appelle, monsieur le préfet, votre attention toute particulière sur l'organisation de ce service, et je vous prie de me faire connaître les résolutions qui auront été prises dans votre département à ce sujet. Vous aurez, d'ailleurs, à m'adresser une ampliation des divers arrêtés de formation des commissions. »

1. Le mode de formation est indiqué par une circulaire du 25 août 1874 :

« Monsieur le préfet, en m'accusant réception de ma circulaire du 16 juillet dernier concernant la formation des commissions de surveillance du travail des enfants et des filles mineures employés dans l'industrie qui doivent être instituées dans chaque département, plusieurs préfets ont fait remarquer que cette circulaire n'indique pas le nombre des candidats qui doivent figurer sur les listes de présentation dressées par le conseil général. »

« La loi ne s'explique pas à ce sujet. Il me semblerait convenable de procéder par analogie avec l'article 16 concernant les listes de présentation des candidats aux fonctions d'inspecteur divisionnaire que le conseil supérieur devra établir, et comprenant *trois* candidats pour chaque emploi. Il y aurait lieu, dès lors, de prier le conseil général de présenter une liste de candidats triple du nombre de personnes à nommer pour composer les commissions locales. »

Nota. — Nous avons déjà fait connaître notre opinion sur cette question : la loi a laissé les conseils généraux entièrement libres dans le mode de présentation des candidats. L'explication donnée par la circulaire est erronée.

préfets du 16 juillet 1874, que les commissions locales soient composées de personnes dont la compétence et l'honorabilité garantissent l'accomplissement des devoirs que la loi leur délègue. »

La nomination des commissions est faite par le préfet sur une liste de présentation du conseil général. Or, il y a lieu, par analogie avec les dispositions de l'article 16, relatif à la nomination des inspecteurs divisionnaires, d'inviter les conseils généraux à présenter une liste de candidats en nombre triple de celui des membres à nommer pour faciliter le choix d'hommes capables et dignes et ne point forcer la main à l'administration dans ses désignations. Cependant les présentations du conseil général, si elles n'ont point été faites sous cette forme et qu'elles ne comprennent qu'une liste unique pour chaque poste, ne peuvent être modifiées ou repoussées par le préfet. On ne peut davantage, sous prétexte d'oubli, imposer dans les commissions locales le choix ou la présence des fonctionnaires indiqués par la loi, cette indication n'étant faite qu'à titre facultatif (Dépêche du 12 janvier 1875 au préfet de la Creuse au sujet de l'oubli de deux inspecteurs primaires dans les listes de présentation du conseil général). Toutefois le préfet peut et doit présenter des observations au conseil général pour utiliser les services si utiles de l'inspection de l'enseignement primaire et insister pour que de semblables omissions

soient réparées dès que des vacances se produiraient.

Les préfets provoquent la réunion d'installation des commissions locales, mais ces commissions doivent composer elles-mêmes leur bureau.
Le silence de la loi à cet égard est intentionnel; on
a manifestement entendu laisser les commissions
choisir à leur gré leur président et leur sécrétaire;
elles peuvent aussi se diviser en sous-commis-
sions locales pour mieux assurer leur service de
surveillance (Dépêche du 30 janvier 1875 au préfet de la Haute-Vienne).

On a signalé avec juste raison tout l'inconvé-
nient qu'il y aurait à nommer membres des commissions des industriels habitant la localité.

Les magistrats des tribunaux de première ins-
tance et les procureurs de la République pouvant
être appelés à juger les contrevenants, ne doivent
pas, par un motif de convenance, faire partie des
commissions locales.

Malheureusement, dans la pratique, le choix des
membres des commissions locales est plutôt
tombé sur des personnes qui ont recherché une
distinction honorifique que sur des hommes actifs
et dévoués à leur œuvre. L'institution n'a pas répondu aux espérances et aux vœux du législateur.
On citerait assurément de fort honorables exceptions; mais en général, les commissions ont peu
ou point fonctionné; presque partout leurs mem-

bres se sont montrés plus jaloux de leurs préroga-
tives que disposés à concourir par leurs visites et
leur action personnelle à l'efficace exécution des
prescriptions de la loi. On ne saurait trop appeler
l'attention du gouvernement et des administrations départementales sur la nécessité de réorga-
niser et de vivifier une institution propre à rendre
les plus éminents services à l'enfance ouvrière, si
elle remplissait le rôle considérable que lui a im-
parti le législateur en secondant ses vues généreuses.

On doit au surplus reconnaître que la résistance
des conseils généraux à voter les crédits nécessaires, pour le fonctionnement des commissions
locales, a dans beaucoup de départements paralysé
le bon vouloir de leurs membres les mieux inten-
tionnés. Il est donc à désirer que ces crédits,
d'ailleurs peu importants, soient ouverts pour
assurer ce service complémentaire de l'inspection.
Quelques assemblées départementales, celle notamment des Bouches-du-Rhône, sont entrées
dans cette voie; c'est là un utile exemple qu'il
appartient à l'initiative de MM. les préfets de
signaler à l'imitation des conseils généraux dans
tous les départements.

Attributions. — Les attributions des commissions
locales sont : 1° de veiller à l'exécution de la loi ;
2° de contrôler le service de l'inspection ; 3° d'a-
dresser au préfet du département, sur l'état de ce

service et sur l'exécution de la loi, des rapports qui sont transmis au ministre du commerce et communiqués par lui à la Commission supérieure (Art. 20).

L'économie de la loi, en cette matière, a pour objet de faire contrôler sérieusement tous les services institués pour son application. La commission locale surveille le service de l'inspecteur dans sa région ; ses rapports sont adressés à l'administration préfectorale ; celle-ci les transmet au ministre, qui juge ainsi de l'état du service dans chaque département ; la Commission supérieure, saisie à son tour, peut se concerter avec le ministre, sur les mesures générales à prendre.

On doit engager les Commissions locales à faire des rapports assez fréquents à l'administration sur les cas spéciaux qu'elles ont à signaler. Elles rédigeront tout au moins deux rapports semestriels, sur l'état du service de l'inspection. Elles peuvent à cet effet demander que les rapports de l'inspection, concernant leur circonscription, leur soient communiqués.

Les Commissions locales, pour exercer leur contrôle et favoriser l'application de la loi, devront visiter les établissements industriels, ateliers et chantiers (art. 20) ; elles se feront accompagner au besoin, par un médecin pour mieux apprécier l'état de salubrité des ateliers, de santé des enfants, leurs conditions d'hygiène et de sécurité.

Les commissons peuvent déléguer l'un de leurs membres, avec une mission spéciale ou permanente, pour la visite des ateliers ou certaines constatations déterminées. Il appartient au surplus aux commissions locales de régler leurs opérations comme elles le jugent convenable. Le législateur s'en est remis à cet égard au bon vouloir, à l'expérience et à la conscience de leurs membres.

Les membres des commissions locales n'ont pas le droit de dresser des procès-verbaux. S'ils constatent dans leurs visites des infractions à la loi ou s'il rencontrent dans l'exercice de leurs fonctions la résistance à l'accomplissement de ces fonctions, prévue par l'article 28, ils peuvent : ou adresser un rapport à l'inspecteur pour qu'il se transporte sur les lieux et verbalise, ou s'adresser au parquet qui désignera un agent de l'autorité assermenté pour dresser le procès-verbal.

Partout les membres des Commissions s'efforceront de répandre la connaissance de la loi ; c'est là leur rôle principal. Ils travailleront à la faire aimer et apprécier en montrant l'utilité de ses prescriptions ; ils amèneront les chefs d'ateliers par la persuasion, bien plus que par la crainte des mesures coercitives, à appliquer sincèrement ses dispositions en vue du bien qu'elles peuvent réaliser.

Ainsi chaque commission déléguerait utilement un ou plusieurs de ses membres, soit pour des visites scolaires, soit pour les constatations des précautions requises à l'égard du danger des machines, ou de la salubrité des ateliers.

Nombre des Commissions. — Le Conseil général détermine, dans chaque département, le nombre et la circonscription des commissions locales; il devra en établir une au moins dans chaque arrondissement; il en établira, en outre, dans les principaux centres industriels ou manufacturiers, là où il le jugera nécessaire (art. 21).

Il appartient aux inspecteurs et aux industriels eux-mêmes de provoquer, par voie de pétition ou de requête, de la part du Conseil général, la formation de commissions locales, là où elles paraissent nécessaires et où l'on a négligé de les établir. Le rôle modérateur et conciliant de ces commissions doit faire désirer à tous l'extension de leur nombre.

Composition des commissions. — Les commissions locales sont composées de cinq membres au moins et de sept au plus, nommés par le préfet, sur une liste de présentation arrêtée par le Conseil général (art. 21).

La liste peut facultativement comprendre un nombre double ou triple de candidats, ou être plus restreinte. Le législateur a voulu fermer ici la porte à l'arbitraire administratif.

On doit faire entrer, autant que possible, dans chaque commission, un ingénieur de l'État ou un ingénieur civil, un inspecteur de l'instruction primaire et un ingénieur des mines, dans les régions minières (art. 21).

Dans plusieurs départements on a fait figurer l'ingénieur des mines ou l'inspecteur de l'enseignement primaire dans plusieurs commissions d'arrondissement: il serait bon d'éviter cette multiplicité de délégations pour le même fonctionnaire. Il ne pourrait y suffire; et dans plusieurs localités, il en résulterait un embarras sérieux pour les réunions de la commission et la validité de ses délibérations.

Les commissions locales sont renouvelées tous les cinq ans; les membres sortants peuvent être de nouveau appelés à en faire partie (art. 24).

Ce renouvellement doit avoir lieu à la première session du Conseil général qui suit l'expiration du délai de cinq ans.

CHAPITRE XVII.

Commission supérieure.

Une commission supérieure composée de neuf membres, dont les fonctions sont gratuites, est ·établie auprès du ministre du commerce; cette commission est nommée par le président de la République; elle est chargée :

1° De veiller à l'application uniforme et vigilante de la loi ;

2° De donner son avis sur les règlements à faire et généralement sur les diverses questions intéressant les travailleurs protégés ;

3° Enfin, d'arrêter les listes de présentation des candidats pour la nomination des inspecteurs divisionnaires (art. 23).

La commission supérieure se réunit chaque mois au ministère de l'agriculture et du commerce ; elle nomme son président[1].

Chaque année, le président de la Commission supérieure doit adresser au président de la République un rapport général sur les résultats de l'inspection et sur les faits relatifs à l'exécution de la loi (art. 24).

Ce rapport devra être, dans le mois de son dépôt, publié au *Journal officiel*[2].

Le gouvernement rendra compte, chaque année,

---

1. Les membres actuels de la Commission supérieure, sont : MM. Dumas, membre de l'Académie française, président; Grivart, ancien ministre; Joubert, ancien député ; comte de Melun, ancien député, vice-président; Eugène Tallon, ancien député; Gouin, président du tribunal de commerce; l'abbé de Broglie; Ozenne, secrétaire général du ministère ; du Moustier de Fredilly, directeur du commerce intérieur.

M. O. de Presle, secrétaire de la commission.

2. Conformément à cette disposition, deux remarquables rap-

à l'Assemblée nationale, de l'exécution de la loi et de la publication des règlements d'administration publique destinés à la compléter (art. 24).

L'institution de la Commission supérieure constitue en dernier ressort les moyens de contrôle du service de l'inspection ; elle assure en outre l'exécution de la loi dans des vues uniformes.

L'utilité des fonctions de la commission supérieure s'est déjà manifestée d'une manière éclatante ; c'est grâce à son initiative que les règlements complémentaires de la loi ont été décrétés et qu'ont été prescrites, par les circulaires ministérielles, la plupart des mesures destinées à en assurer l'exécution.

Les industriels et les chefs d'ateliers trouveront, de leur côté, auprès de la commission supérieure, quand ils voudront se mettre en communication avec elle, un précieux appui. C'est là en effet que seront portées le plus utilement les réclamations relatives à l'application ou à la réforme des règlements. La commission supérieure améliorera, dans l'avenir, ces règlements d'après les lumières de l'expérience. C'est par sa haute autorité que la jurisprudence pourra enfin être fixée sur l'inter-

ports ont déjà été présentés par M. le président de la commission pour les années 1875 et 1876. On consultera avec utilité ces documents pour constater les progrès de l'application de la loi du 19 mai 1874.

prétation, souvent délicate, des textes de la loi et des décrets.

CHAPITRE XVIII.

Juridiction. — Compétence.

Compétence des tribunaux correctionnels. — Les manufacturiers, directeurs ou gérants d'établissements industriels et les patrons qui auront contrevenu aux prescriptions de la loi du 19 mai 1874, ou des règlements d'administration publique relatifs à son exécution, seront poursuivis devant le tribunal de police correctionnelle. (Art. 25.) [1]

L'action sera portée devant le tribunal de l'arrondissement où sont situés les usines ou ateliers.

La compétence des tribunaux correctionnels a été substituée, par la loi nouvelle, à celle des juges de paix, auxquels la loi de 1841 attribuait la connaissance des contraventions prévues par elle. C'est là une des principales innovations de la loi du 19 mai 1874. Nous n'hésitons pas à la considérer comme favorable aux chefs d'industrie. La ju-

1. D'après la loi du 22 mars 1841 les contraventions étaient poursuivies devant le juge de paix et punies d'une amende de simple police qui ne pouvait excéder 15 francs.

ridiction correctionnelle présente, en effet, les meilleures garanties contre l'arbitraire ou la mobilité des décisions auxquels n'échappe pas une juridiction toute personnelle.

Les industriels appelés devant le tribunal correctionnel pourront faire représenter leurs intérêts et les faire défendre avec plus d'autorité. L'interprétation des textes y deviendra uniforme et une jurisprudence éclairée complètera bientôt, on doit l'espérer, les lacunes ou les obscurités que peut présenter la loi.

Directeurs et gérants. — On remarquera, dans la rédaction de l'article 25, ces expressions *directeurs ou gérants d'établissements industriels*; elles ont été placées là intentionnellement, pour prévoir le cas où le propriétaire de l'usine ou l'industriel n'exploitent pas par eux-mêmes. Dans le cas où l'industriel est représenté par un directeur ou gérant qui a en main les ateliers et s'occupe seul de la formation de leur personnel, il y aurait flagrante injustice à ne pas diriger la poursuite contre lui, véritable auteur responsable de la faute. C'est ce qu'a voulu éviter la loi. Elle s'est montrée plus prévoyante à cet égard que la loi de 18.1, qui, en employant les expressions de *propriétaires* et *exploitants*, reportait toute la responsabilité à la tête, pour éviter, disait-on, que l'on n'appliquât aux manufacturiers l'institution des éditeurs responsables. (Dalloz, v° *Industrie*, n° 465.)

Dans le même ordre d'idées, on eût pu étendre la responsabilité aux contre-maîtres qui embauchent les ouvriers. Mais on a craint que la loi ne fût éludée par les patrons; ils eussent toujours rejeté alors la responsabilité sur des subordonnés.

Les patrons doivent être d'ailleurs considérés, dans tous les cas, comme responsables eux-mêmes d'un défaut de surveillance, par application de l'article 1584 du Code civil, qui rend les maîtres et commettants responsables des faits de leurs préposés.

Pères de famille. — Les pères, mères et tuteurs eussent pu être aussi considérés comme responsables de l'admission des enfants au-dessous de l'âge réglementaire ou de leur défaut d'instruction.

Ce sont eux, en effet, qui le plus souvent supplient l'industriel de recevoir l'enfant dans l'atelier pour profiter de son salaire. Le législateur n'a pas voulu entrer dans cette voie. La pénalité eût été alors illusoire, parce qu'elle fût tombée sur des insolvables. Il en serait en outre résulté des irritations et des divisions dans la famille qu'il convenait d'éviter. Déjà, dans la discussion de la loi de 1841, la question de reponsabilité des père et mère avait été repoussée. « Il fallait prendre garde, disait à ce sujet M. de Lamartine, de faire d'une mesure d'humanité et de bienfaisance une mesure de sévérité et de rigueur ; il fallait prendre gardé surtout d'introduire la loi dans la famille sans nécessité. » (Dalloz, v° *Industrie*, n° 466.)

Il appartient donc aux patrons et aux industriels de défendre eux-mêmes l'entrée de l'atelier contre toute admission contraire à la loi; ils en souffriront parfois dans leurs sentiments d'humanité, mais ils sauront s'incliner devant les nécessités supérieures qui ont inspiré ces sages dispositions législatives.

CHAPITRE XIX.

Contraventions. — Pénalités. — Bonne foi.
Circonstances atténuantes.

Amende. Pénalités. — Toute infraction à la loi du 19 mai 1874 est punie d'une amende de seize à cinquante francs. (Art. 25.)

Le caractère juridique de ces infractions est celui que les jurisconsultes prêtent, en droit criminel, aux *délits-contraventions*; elles prennent, en effet, le caractère de délit par la juridiction qui est saisie de leur connaissance, le tribunal correctionnel, et par le chiffre de l'amende qui excède celui |de simple police.

Toutes les infractions à la loi rentrent dans la

catégorie des simples contraventions, parce qu'elles reposent sur la constatation d'un fait purement matériel, tel que l'*admission à un âge insuffisant*, le *travail de nuit*, l'*insalubrité de l'atelier*, etc. En présence de telles constatations, le magistrat n'a pas à apprécier l'intention du prévenu. L'exception de bonne foi n'est pas admise. L'infraction constatée oblige à l'application de la loi, c'est une contravention. La preuve de ce caractère contraventionnel des infractions à la loi résulte encore de ce que, dans le cas de certaines fraudes déterminées, elle a expliqué elle-même et limité les circonstances où l'on apprécierait la bonne foi.

Cumul des amendes. — L'amende est appliquée autant de fois qu'il y a eu de personnes employées dans des conditions contraires à la loi. (Art. 25[1].)

Ce cumul des amendes, dont nos lois pénales présentent divers exemples et qui est appliqué notamment pour les délits forestiers, ne doit être ordonné que dans des cas restreints et bien déterminés par la loi. Il s'applique uniquement à l'emploi des personnes au travail dans des conditions

---

1. Une condamnation en 480 francs d'amendes a été prononcée par le tribunal de Melun, en janvier 1876, contre un industriel, pour trente-quatre contraventions relevées par l'inspecteur.

Une autre condamnation de 400 francs a été prononcée par le tribunal de la Seine.

Le tribunal de Compiègne a prononcé, le 28 novembre 1876, deux condamnations en 120 francs d'amende; celui de Beauvais en 100 francs d'amende (8 décembre 1876).

illégales. Telles sont les infractions relatives à l'âge, à l'instruction, au travail de nuit ou des dimanches. Ici l'amende se suppute facilement par tête d'enfant indûment employé ; le cumul se justifie, puisqu'il y a contravention personnelle pour chaque enfant.

Le cumul ne peut, au contraire, avoir lieu sur le nombre total des enfants employés dans un atelier, quand il s'agit de la constatation de l'insalubrité, du danger des machines, des infractions relatives à la tenue des registres, à l'affichage des lois et règlements, etc. Mais le cumul des amendes peut être supputé par chaque journée d'emploi d'enfants travaillant dans des conditions illégales. Ainsi, l'emploi de dix enfants au-dessous de l'âge réglementaire, pendant dix jours, pourrait représenter cent contraventions. C'est ce qui a été admis sous l'application de la loi de 1841. Cette opinion, qui nous paraît excessive, est recueillie comme ne prêtant point au doute dans le répertoire de Dalloz. (Jugement du 28 juin 1858, tribunal de police de Schimeck (Vosges). D. P. 59. 3. 16.)

Le chiffre total des amendes ne peut, dans tous les cas, excéder cinq cents francs (Art. 23).

On doit supputer dans ce chiffre toutes les amendes qui sont appliquées hors du cas de récidive. On joindra pour cela les diverses poursuites exercées dans la même période de temps, contre le même industriel. On ne pourrait, en divi-

sant ces poursuites, aggraver les sévérités de la
loi.

Exception de bonne foi. — La peine ne sera pas
applicable si les manufacturiers, directeurs ou gérants d'établissements industriels ou les patrons
établissent que l'infraction à la loi a été le résultat
d'une erreur, provenant de la production d'actes
de naissance, livrets ou certificats contenant de
fausses énonciations ou délivrés pour d'autres
personnes (Art. 25).

Par cela même que la loi maintient le caractère
de contraventions aux faits qu'elle prévoit et n'ad-
met pas le magistrat à apprécier l'intention, on a
dû ouvrir la porte à des exceptions. Ainsi, dans
les cas nettement spécifiés, où la confiance du patron a été surprise par de fausses déclarations, il
eût été contraire à toute justice de lui faire supporter la responsabilité d'une faute que la plus
scrupuleuse vigilance n'eût pu éviter. Ces exceptions sont au surplus limitatives, et l'on ne peut
en étendre le bénéfice à d'autres circonstances, où
la bonne foi des patrons peut être manifeste, mais
que la loi n'a pas prévues.

A la suite d'un accident arrivé à un enfant dans
une fabrique de tissage de laine, à Carcassonne,
l'acquittement des prévenus a été prononcé par
jugement du tribunal correctionnel du 7 juillet
1876, confirmé par arrêt de la cour de Montpel-
lier, du 28 août suivant, par ce motif que, d'une

part, l'enfant travaillait avec son père, et de l'autre, que l'imprimeur de la préfecture avait omis d'envoyer les règlements administratifs réclamés par le maire au mois de décembre 1875.

Ces décisions judiciaires sont sujettes à critique : les magistrats semblent avoir ainsi élargi les cas d'exception de bonne foi, ce qui est manifestement contraire au texte de l'article 25 et au caractère contraventionnel qui s'attache à toutes les infractions à la loi du 19 mai 1874.

Dans les cas déterminés par l'article 25, le parquet devra, après la constatation de la bonne foi du patron, poursuivre le falsificateur. Mais à raison même des motifs qui inspirent généralement ces fraudes, le plus souvent faites sans une intention criminelle bien arrêtée et parfois provoquées par l'aiguillon de la misère, le législateur a voulu éviter que les sévères dispositions des articles 150 et 151 du Code pénal leur fussent applicables. C'eût été excessif, et, en outre, on eût énervé la répression en laissant hésiter les magistrats sur l'exécution de la loi.

Pour concilier l'intérêt de la poursuite avec une juste proportionnalité de la peine, les dispositions des articles 12 et 13 de la loi du 22 juin 1854, sur les livrets d'ouvriers, seront appliquées aux auteurs de falsifications prévues par l'article 25.

Ces articles sont ainsi conçus :

ART. 12. Tout individu coupable d'avoir fabriqué un faux livret, ou falsifié un livret originairement véritable, ou fait sciemment usage d'un livret faux ou falsifié, est puni des peines portées à l'art. 153 du Code pénal (c'est-à-dire d'une année d'emprisonnement au moins et de cinq ans au plus [1].

ART. 13. Tout ouvrier coupable de s'être fait délivrer un livret, soit sous un faux nom, soit au moyen de fausses déclarations ou de faux certificats, ou d'avoir fait usage d'un livret qui ne lui appartient pas, est puni d'un emprisonnement de trois mois à un an.

Circonstances atténuantes. — Les circonstances atténuantes sont au surplus admises, afin de tempérer les diverses peines que nous venons d'énumérer, tant pour les infractions à la loi du 19 mai 1874 que pour les dispositions empruntées à la loi du 22 juin 1854.

L'article 463, qui rend les circonstances atténuantes applicables, est visé dans l'une et l'autre de ces lois.

D'après cet article le magistrat, chargé d'apprécier les infractions à la loi qui lui sont soumises, peut, tout en reconnaissant la culpabilité du prévenu, diminuer la peine dans de notables proportions, soit en substituant l'amende à l'emprisonnement, soit en abaissant l'amende prononcée par

---

1. Article 153 du Code pénal : « Quiconque fabriquera un faux passe-port ou falsifiera un passe-port originairement véritable, ou fera usage d'un passe-port fabriqué ou falsifié, sera puni d'un emprisonnement d'un an au moins et de cinq ans au plus. »

la loi. Le chiffre de l'amende peut être ainsi réduit à un franc, ce qui laisse la plus grande latitude au juge dans l'appréciation des circonstances ou des intentions [1].

Responsabilité civile des chefs d'industrie. — Nous avons vu que les directeurs ou gérants des ateliers industriels pourraient être poursuivis au lieu et place des chefs d'industrie, quand ils ont reçu de ceux-ci le mandat de les remplacer en leur absence. La loi n'a pas voulu cependant tenir les chefs d'industrie, même dans ce cas, pour complétement indemnes. Ils ont en effet la responsabilité du choix de leurs agents. Cette responsabilité entraîne cette conséquence qu'ils seront tenus personnellement du payement des condamnations

---

1. Le tribunal correctionnel de Lille a prononcé cinq condamnations dans ses audiences des 29 avril et 6 mai 1876. Il a ainsi gradué les peines : 1° amendes de 1 franc pour chaque enfant au-dessous de quinze ans, non pourvu du certificat d'instruction et travaillant plus de six heures;

2° Amendes de 5 francs pour chaque enfant de moins de douze ans, travaillant plus de six heures, sans être muni de certificat de fréquentation d'école ;

3° Amendes de 5 francs pour défaut d'affichage de la loi, et des règlements.

Le tribunal de Dunkerque a prononcé, le 1er avril 1876, une condamnation à 50 francs d'amende pour accident arrivé à un enfant jouant avec un engrenage en marche, une autre à 80 francs pour cinq contraventions à la limite d'âge, à raison de 16 francs par enfant.

On pourait citer beaucoup de décisions judiciaires où les peines ont été tempérées dans des conditions analogues.

pécuniaires prononcées contre leurs représentants.

La responsabilité civile des patrons subsiste au surplus d'une manière générale, en faveur des parents des enfants, pour tous les abus dont ceux-ci pourraient être victimes. La loi nouvelle ne donne, d'ailleurs, ouverture à aucun droit spécial à cet égard. Toute action de ce genre ne peut être exercée que conformément aux règles du droit commun.

CHAPITRE XX.

Récidive. — Affichage. — Résistance à la loi.

Récidive. — En cas de récidive, les manufacturiers, les directeurs ou gérants d'établissements industriels et les patrons seront condamnés à une amende de cinquante à deux cents francs (Art. 26). Le cumul des amendes réunies, s'il y a plusieurs contraventions commises, ne pourra cependant excéder mille francs[1].

On considère qu'il y a récidive quand le même industriel ou patron a été frappé, dans l'année

---

1. Le tribunal de Rouen, par décision du 27 décembre 1876, a prononcé une condamnation en 240 francs d'amende pour un cas de récidive.

qui a précédé les faits objet de la poursuite, d'une autre condamnation pour infraction à la loi ou aux décrets sur la matière (Art. 26).

Les circonstances atténuantes sont applicables, même en cas de récidive, mais on doit s'attendre à ce que les tribunaux, dans ce cas, n'en usent qu'avec une extrême réserve.

Affichage. Insertion. — D'autres peines, dont la gravité n'échappera pas aux chefs d'industrie, peuvent, dans des circonstances exceptionnelles et en cas de récidive seulement, être ajoutées par le tribunal correctionnel à l'amende.

Ainsi l'affichage du jugement pourra être ordonné par le tribunal (Art. 27); cet affichage peut être étendu, suivant les circonstances, de la commune du contrevenant aux chefs-lieux du canton, de l'arrondissement ou du département.

Le tribunal pourra encore ordonner, dans le cas de récidive, l'insertion de sa sentence dans un ou plusieurs journaux de l'arrondissement ou du département (Art. 27).

Résistance à l'autorité. — La loi a aussi prévu le cas où le propriétaire de l'établissement industriel ou le patron auraient mis obstacle à l'accomplissement des devoirs des inspecteurs, des membres des commissions, des médecins, ingénieurs ou experts chargés d'opérer une visite ou une constatation dans leurs ateliers.

Toute résistance aux opérations des fonctionnaires ou délégués préposés par la loi à son exécution constitue une contravention qui sera punie d'une amende de seize à cent francs (Art. 28).

On ne saurait trop engager les chefs d'atelier à faire bon accueil aux agents de l'autorité, comme on ne peut trop engager ceux-ci à observer, vis-à-vis des industriels et des patrons, tous les égards auxquels ils ont droit.

L'exécution de la loi ne doit pas surtout porter atteinte aux sentiments de respect et de considération dont le patron a besoin d'être entouré dans ses ateliers pour y exercer, sur ses ouvriers et contre-maîtres, la légitime autorité qui lui appartient. Les vues généreuses de la loi ne sauraient d'ailleurs être réalisées que grâce à l'entente commune et à la cordialité des rapports entre les chefs d'industrie et les inspecteurs chargés de son application.

CHAPITRE XXI.

Modification à la loi du 22 février 1851
sur l'apprentissage.

Apprentis protégés par la loi du 19 mai 1874. — Aux termes de la loi, un certain nombre de ses dispositions sont applicables aux enfants placés en apprentissage et *employés à un travail industriel* (Art. 30).

Les apprentis se divisent en deux classes distinctes d'après la loi du 22 février 1851 : ceux qui sont employés avec contrat d'apprentissage et ceux qui le sont sans contrat. Cette distinction, à la vérité, est souvent illusoire dans la pratique. Le contrat d'apprentissage est fort négligé aujourd'hui, à Paris notamment ; il tend même à tomber en désuétude. La loi nouvelle a donc dû laisser de côté cette distinction ; elle ne tient plus compte du contrat et prend pour base d'appréciation le travail lui-même.

Les conditions d'application de l'article 30 reposent en effet sur la nature du travail auquel l'apprenti est employé ; si ce travail a le caractère *industriel*, tel que nous l'avons défini en examinant l'article premier ; si l'enfant, par exemple, est occupé, même isolément, au service d'une machine ou d'un moteur ; s'il fabrique un produit ou une pièce d'un objet destiné à la vente ; s'il est occupé dans un atelier de fabrication industrielle, sa qualité d'apprenti disparaît ; son travail est soumis aux conditions de la loi.

Si au contraire l'apprenti est attaché au soin des personnes, commis à la vente ou occupé à des travaux d'usages domestiques ou alimentaires, comme seraient l'apprenti coiffeur, le garçon épicier ou boulanger, l'ouvrière lingère ou modiste, la loi du 19 mai 1874 ne doit pas être appliquée.

Il y a là, au surplus, une question de fait qui relève essentiellement de l'appréciation des magistrats ; la jurisprudence se fixera bientôt sur l'étendue des catégories de jeunes ouvriers que la loi protége.

Conditions d'emploi. — Les apprentis, compris dans les catégories soumises à la loi, ne pourront être employés que dans les conditions spécifiées aux articles 2, 3, 4 et 5 : ce sont les termes de l'article 30.

De là les conséquences suivantes :

1° Les apprentis ne pourront être employés avant l'âge de douze ans révolus ; sauf l'exception faite pour ceux occupés aux travaux de filature, de papeterie, ou de verrerie spécifiés au décret du 27 mars 1875 ; ceux-ci pourront être admis à dix ans révolus.

2° Les apprentis de l'âge de quatorze ans à celui de seize ans ne pourront être employés plus de douze heures, en comprenant dans ce temps des repos suffisants ; la durée de ces repos doit réduire sensiblement celle du travail.

Les apprentis de douze à quatorze ans restent assujettis, d'après la loi de 1851, à une durée de travail de dix heures seulement ; nous ne considérons pas cette disposition comme abrogée par la loi nouvelle.

Enfin, les apprentis ne seront employés que six heures s'ils n'ont pas atteint l'âge de douze ans.

3° Les apprentis de moins de seize ans ne pourront être employés à aucun travail de nuit.

4° Les apprentis ne pourront être employés les dimanches et jours fériés, même pour le rangement de l'atelier. Cette dernière interdiction s'applique aux jeunes garçons jusqu'à l'âge de seize ans, et aux jeunes filles jusqu'à vingt et un ans.

En dehors des cas que nous venons d'énumérer, la loi de 1851, sur le contrat d'apprentissage, continuera à recevoir son exécution, dans ses dispositions générales, notamment en ce qui concerne les formes et les conditions du contrat, les devoirs réciproques des patrons et des apprentis les uns envers les autres, l'enseignement professionnel, la juridiction et les dispositions pénales.

Compétence. Inspection. — Deux modifications d'un autre ordre sont inscrites dans la loi du 19 mai 1874, concernant les mêmes catégories d'apprentis. Elles touchent d'une part à la *juridiction*, de l'autre à la surveillance de l'*inspection*.

En cas d'infraction aux règles ci-dessus spécifiées, le patron de l'apprenti sera traduit devant le tribunal de police correctionnelle. La compétence du juge de paix est ainsi dessaisie. La loi, pour être juste, devait nécessairement devenir uniforme; de là cette dérogation exceptionnelle et limitative aux lois antérieures, inscrite dans l'article 25.

Pour la même raison, l'amende est portée du maximum de quinze francs à celui de cinquante; mais cette rigueur apparente est singulièrement tempérée par la faculté d'admission des circonstances atténuantes.

Enfin la surveillance de l'emploi des apprentis par les patrons rentre dans les attributions de l'inspection, sous les conditions prescrites par les articles 16 et 18 de la loi nouvelle.

On comprendra facilement l'utilité d'une telle mesure, si l'on se rend compte de la nécessité qui s'impose, de porter la surveillance dans les petits ateliers. Toute l'économie de la loi nouvelle repose sur cette nécessité, démontrée par l'expérience et attestée par l'opinion générale.

Les patrons doivent, en se soumettant avec empressement à la loi et en en favorisant l'application, s'efforcer de rendre facile et, s'il peut, même inutile la tâche de l'inspection.

Mesures transitoires. — Faisons observer, en terminant, que les mesures transitoires, inscrites dans les articles 31 et 32 dont nous avons déjà fait connaître la portée, s'appliquent aux apprentis des petits ateliers comme aux jeunes ouvriers des manufactures.

Ces mesures transitoires rendront l'exécution de la loi plus facile, en favorisant la transformation des ateliers selon les conditions nouvelles qu'elle nécessite.

Un industriel de la circonscription de Rouen a émis la prétention que l'article 31 ne lui imposait, pour les enfants entrés chez lui avant le 2 juin 1875, aucune autre obligation que de faire travailler six heures seulement ceux de huit à douze ans, et douze heures ceux au-dessus de douze ans.

M. l'inspecteur de la circonscription a pensé, au contraire, avec juste raison, que la disposition transitoire de l'article 31 ne s'applique qu'à l'âge d'admission; mais que les enfants employés, quel que soit la date de leur entrée, doivent être soumis à toutes les obligations de la loi.

D'autres industriels de la quatorzième circonscription ont pensé qu'il n'y avait pas lieu d'exiger le certificat d'instruction, ni la fréquentation de l'école pour les enfants régulièrement admis dans leurs ateliers avant la mise en vigueur de la loi. C'est là une erreur qu'on ne saurait laisser s'accréditer. La Commission supérieure a fait observer que non-seulement cette opinion était contraire à l'esprit de la loi du 19 mai 1874, mais qu'en outre, sous l'empire de la loi de 1841, les enfants de plus de douze ans n'étaient dispensés de suivre l'école, que s'ils produisaient un certificat d'instruction élémentaire.

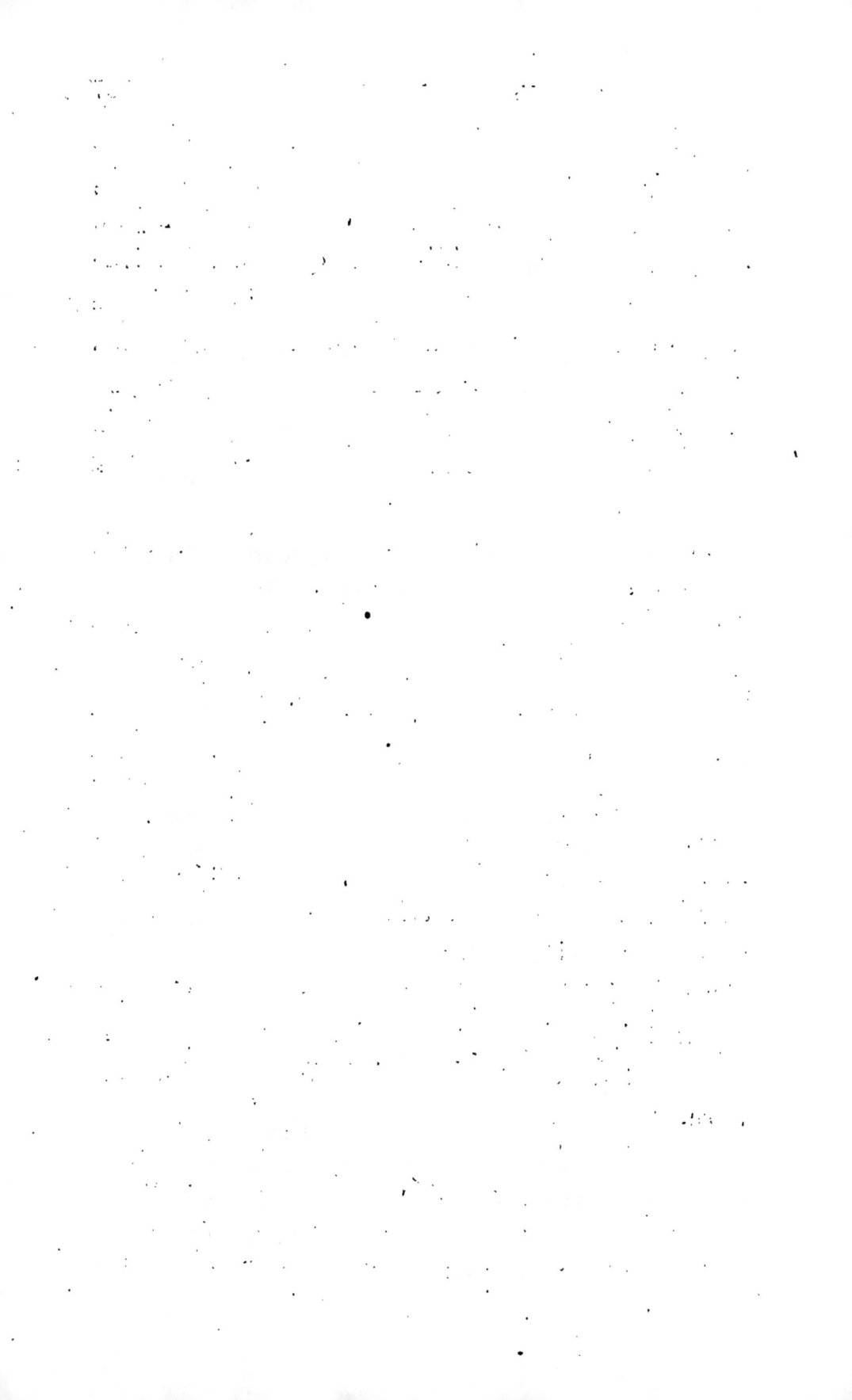

APPENDICE

Loi des 22 janvier, 3-22 février, 4 mars 1851, relative aux contrats d'apprentissage.

TITRE PREMIER.

DU CONTRAT D'APPRENTISSAGE.

Section première. — De la nature et de la forme du contrat.

ART. 1er. Le contrat d'apprentissage est celui par lequel un fabricant, un chef d'atelier ou un ouvrier s'oblige à enseigner la pratique de sa profession à une autre personne, qui s'oblige, en retour, à travailler avec lui; le tout à des conditions et pendant un temps convenu.

ART. 2. Le contrat d'apprentissage est fait par acte public ou par acte sous seing privé. — Il peut aussi être fait verbalement; mais la preuve testimoniale n'en est reçue que conformément au titre du Code civil « des Contrats ou des Obligations conventionnelles en général. » — Les notaires, les secrétaires des conseils de prud'hommes et les greffiers de justice de paix peuvent recevoir l'acte d'apprentissage. — Cet acte est soumis pour l'enregistrement au droit fixe d'un franc, lors même qu'il contiendrait des obligations de sommes ou valeurs mobilières, ou des quittances. — Les honoraires dus aux officiers publics sont fixés à deux francs.

ART. 3. L'acte d'apprentissage contiendra : — 1° les nom, prénoms, âge, profession et domicile du maître ; 2° les nom, prénoms, âge et domicile de l'apprenti ; 3° les noms, prénoms, professions et domicile de ses père et mère, de son tuteur, ou de la personne autorisée par les parents, et, à leur défaut, par le juge de paix ; 4° la date et la durée du contrat ; 5° les conditions de logement, de nourriture, de prix, et toutes autres arrêtées entre les parties. — Il devra être signé par le maître et par le représentant de l'apprenti.

Section II. — Conditions du contrat.

ART. 4. Nul ne peut recevoir des apprentis mineurs, s'il n'est âgé de vingt et un ans au moins.

ART. 5. Aucun maître, s'il est célibataire ou en état de veuvage, ne peut loger, comme apprenti, des jeunes filles mineures.

ART. 6. Sont incapables de recevoir des apprentis : les individus qui ont subi une condamnation pour crime ; ceux qui ont été condamnés pour attentat aux mœurs ; ceux qui ont été condamnés à plus de trois mois d'emprisonnement pour les délits prévus par les articles 388, 401, 405, 406, 407, 408, 423 du Code pénal.

ART. 7. L'incapacité résultant de l'article 6 pourra être levée par le préfet, sur l'avis du maire, quand le condamné, après l'expiration de sa peine, aura résidé pendant trois ans dans la même commune. — A Paris, les incapacités seront levées par le préfet de police.

Section III. — Devoirs des maîtres et des apprentis.

ART. 8. Le maître doit se conduire envers l'apprenti en bon père de famille, surveiller sa conduite et ses mœurs, soit dans la maison, soit au dehors, et avertir ses parents ou leurs représentants des fautes graves qu'il pourrait commettre ou des penchants vicieux qu'il pourrait manifester. — Il doit aussi les prévenir, sans retard, en cas de maladie, d'absence, ou de tout fait de nature à motiver leur intervention. — Il n'emploiera l'apprenti, sauf conventions contraires, qu'aux travaux et services qui se rattachent à l'exercice de sa profession. Il ne l'emploiera jamais à ceux qui seraient insalubres ou au-dessus de ses forces.

Art. 9. La durée du travail effectif des apprentis âgés de moins de quatorze ans ne pourra dépasser dix heures par jour. — Pour les apprentis âgés de quatorze à seize ans, elle ne pourra dépasser douze heures. — Aucun travail de nuit ne peut être imposé aux apprentis âgés de moins de seize ans. — Est considéré comme travail de nuit tout travail fait entre neuf heures du soir et cinq heures du matin. — Les dimanches et jours de fêtes reconnues ou légales, les apprentis, dans aucun cas, ne peuvent être tenus, vis-à-vis de leur maître, à aucun travail de leur profession. — Dans le cas où l'apprenti serait obligé, par suite des conventions ou conformément à l'usage, de ranger l'atelier aux jours ci-dessus marqués, ce travail ne pourra se prolonger au delà de dix heures du matin. — Il ne pourra être dérogé aux dispositions contenues dans les trois premiers paragraphes du présent article que par un arrêté rendu par le préfet, sur l'avis du maire.

Art. 10. Si l'apprenti âgé de moins de seize ans ne sait pas lire, écrire et compter, ou s'il n'a pas encore terminé sa première éducation religieuse, le maître est tenu de lui laisser prendre, sur la journée de travail, le temps et la liberté nécessaires pour son instruction. — Néanmoins, ce temps ne pourra pas excéder deux heures par jour.

ART. 11. L'apprenti doit à son maître fidélité, obéissance et respect; il doit l'aider, par son travail, dans la mesure de son aptitude et de ses forces. — Il est tenu de remplacer, à la fin de l'apprentissage, le temps qu'il n'a pu employer par suite de maladie ou d'absence ayant duré plus de quinze jours.

ART. 12. Le maître doit enseigner à l'apprenti, progressivement et complétement, l'art, le métier ou la profession spéciale qui fait l'objet du contrat. — Il lui délivrera, à la fin de son apprentissage, un congé d'acquit, ou certificat constatant l'exécution du contrat.

ART. 13. Tout fabricant, chef d'atelier ou ouvrier, convaincu d'avoir détourné un apprenti de chez son maître, pour l'employer en qualité d'apprenti ou d'ouvrier, pourra être passible de tout ou partie de l'indemnité à prononcer au profit du maître abandonné.

Section IV. — De la résolution du contrat.

ART. 14. Les deux premiers mois de l'apprentissage sont considérés comme un temps d'essai pendant lequel le contrat peut être annulé par la seule volonté de l'une des parties. Dans ce cas, aucune indemnité ne sera allouée à l'une ou à l'autre partie, à moins de conventions expresses.

ART. 15. Le contrat d'apprentissage sera résolu de plein droit : 1° Par la mort du maître ou de l'apprenti ; — 2° Si l'apprenti ou le maître est appelé au service militaire ; — 3° Si le maître ou l'apprenti vient à être frappé d'une des condamnations prévues en l'article 6 de la présente loi ; — 4° Pour les filles mineures, dans le cas de décès de l'épouse du maître, ou de toute autre femme de la famille qui dirigeait la maison à l'époque du contrat.

ART. 16. Le contrat peut être résolu sur la demande des parties ou de l'une d'elles : 1° Dans le cas où l'une des parties manquerait aux stipulations du contrat; — 2° Pour cause d'infraction grave ou habituelle aux prescriptions de la présente loi ; — 3° Dans le cas d'inconduite habituelle de la part de l'apprenti ; — 4° Si le maître transporte sa résidence dans une autre commune que celle qu'il habitait lors de la convention. — Néanmoins, la demande en résolution de contrat fondée sur ce motif ne sera recevable que pendant trois mois, à compter du jour où le maître aura changé de résidence; — 5° Si le maître ou l'apprenti encourait une condamnation emportant un emprisonnement de plus d'un mois; — 6° Dans le cas où l'apprenti viendrait à contracter mariage.

ART. 17. Si le temps convenu pour la durée de l'apprentissage dépasse le maximum de la durée consacrée par les usages locaux, ce temps peut être réduit ou le contrat résolu.

TITRE II.

DE LA COMPÉTENCE.

ART. 18. Toute demande à fin d'exécution ou de résolution de contrat sera jugée par le conseil des prud'hommes dont le maître est justiciable, et, à défaut, par le juge de paix du canton. — Les réclamations qui pourraient être dirigées contre les tiers, en vertu de l'article 13 de la présente loi, seront portées devant le conseil des prud'hommes ou devant le juge de paix du lieu de leur domicile.

ART. 19. Dans les divers cas de résolution prévus en la section IV du titre 1er, les indemnités ou les restitutions qui pourraient être dues à l'une ou à l'autre des parties seront, à défaut de stipulations expresses, réglées par le conseil des prud'hommes, ou par le juge de paix dans les cantons qui ne ressortissent point à la juridiction d'un conseil de prud'hommes.

ART. 20. Toute contravention aux articles 4, 5, 6, 9 et 10 de la présente loi sera poursuivie devant le tribunal de police et punie d'une amende de cinq à quinze francs. — Pour les contraventions aux articles 4, 5, 9 et 10, le tribunal de police pourra, dans le cas de récidive, prononcer, outre l'amende, un emprisonnement d'un à cinq jours. — En cas de récidive, la contravention à l'article 6 sera poursuivie devant les tribunaux correctionnels, et punie d'un emprisonnement de quinze jours à trois mois, sans préjudice d'une amende, qui pourra s'élever de cinquante à trois cents francs.

ART. 21. Les dispositions de l'article 463 du Code pénal sont applicables aux frais prévus par la présente loi.

ART. 22. Sont abrogés les articles 9, 10 et 11 de la loi du 22 germinal an IX.

Loi sur le travail des enfants et des filles mineures employés dans l'industrie.

(Des 25 novembre 1872, 18 février 1873 et 19 mai 1874).

Promulguée le 3 juin 1874.

L'Assemblée nationale a adopté la loi dont la teneur suit :

SECTION PREMIÈRE.

AGE D'ADMISSION. — DURÉE DU TRAVAIL.

ART. 1er. Les enfants et les filles mineures ne peuvent être employés, à un travail industriel, dans les manufactures, fabriques, usines, mines, chantiers et ateliers que sous les conditions déterminées dans la présente loi.

ART. 2. Les enfants ne pourront être employés par des patrons, ni être admis dans les manufactures, usines, ateliers ou chantiers avant l'âge de douze ans révolus.

Ils pourront être toutefois employés, à l'âge de dix ans révolus, dans les industries spécialement déterminées par un règlement d'administration publique, rendu sur l'avis conforme de la Commission supérieure ci-dessous instituée.

ART. 3. Les enfants, jusqu'à l'âge de douze ans révolus, ne pourront être assujettis à une durée de travail de plus de six heures par jour, divisée par un repos.

A partir de douze ans, ils ne pourront être employés plus de douze heures par jour, divisées par des repos.

SECTION II.

TRAVAIL DE NUIT, DES DIMANCHES ET JOURS FÉRIÉS.

ART. 4. Les enfants ne pourront être employés à aucun travail de nuit jusqu'à l'âge de seize ans révolus.

La même interdiction est appliquée à l'emploi des filles mineures, de seize à vingt et un ans, mais seulement dans les usines et manufactures.

Tout travail, entre neuf heures du soir et cinq heures du matin, est considéré comme travail de nuit.

Toutefois, en cas de chômage, résultant d'une interruption accidentelle et de force majeure, l'interdiction ci-dessus pourra être temporairement levée et pour un délai déterminé par la commission locale ou l'inspecteur ci-dessous institué, sans que l'on puisse employer au travail de nuit des enfants âgés de moins de douze ans.

ART. 5. Les enfants âgés de moins de seize ans et les filles âgées de moins de vingt et un ans ne pourront être employés à aucun travail, par leurs patrons, les dimanches et fêtes reconnues par la loi, même pour rangement de l'atelier.

ART. 6. Néanmoins, dans les usines à feu continu, les enfants pourront être employés la nuit ou les dimanches et jours fériés aux travaux indispensables.

Les travaux tolérés et le laps de temps pendant lequel ils devront être exécutés seront déterminés par des règlements d'administration publique.

Ces travaux ne seront, dans aucun cas, autorisés que pour des enfants âgés de douze ans au moins.

On devra, en outre, leur assurer le temps et la liberté nécessaires pour l'accomplissement des devoirs religieux.

SECTION III.

TRAVAUX SOUTERRAINS.

ART. 7. Aucun enfant ne peut être admis dans les travaux souterrains des mines, minières et carrières avant l'âge de douze ans révolus.

Les filles et femmes ne peuvent être admises dans ces travaux.

Les conditions spéciales du travail des enfants de douze à seize ans, dans les galeries souterraines, seront déterminées par des règlements d'administration publique.

SECTION IV.

INSTRUCTION PRIMAIRE.

ART. 8. Nul enfant, ayant moins de douze ans révolus, ne peut être employé par un patron qu'autant que ses parents ou tuteur justifient qu'il fréquente actuellement une école publique ou privée.

Tout enfant admis avant douze ans dans un atelier devra, jusqu'à cet âge, suivre les classes d'une école, pendant le temps libre du travail.

Il devra recevoir l'instruction pendant deux heures au moins, si une école spéciale est attachée à l'établissement industriel.

La fréquentation de l'école sera constatée au moyen d'une feuille de présence, dressée par l'instituteur et remise chaque semaine au patron.

ART. 9. Aucun enfant ne pourra, avant l'âge de quinze ans accomplis, être admis à travailler plus de six heures chaque jour, s'il ne justifie, par la production d'un certificat de l'instituteur ou de l'inspecteur primaire, visé par le maire, qu'il a acquis l'instruction primaire élémentaire.

Ce certificat sera délivré sur papier libre et gratuitement.

SECTION V.

SURVEILLANCE DES ENFANTS. — POLICE DES ATELIERS.

ART. 10. Les maîtres sont tenus de délivrer aux père, mère ou tuteur, un livret sur lequel sont portés les nom et prénoms de l'enfant, la date et le lieu de sa naissance, son domicile, le temps pendant lequel il a suivi l'école.

Les chefs d'industrie ou patrons inscriront sur le livret la date de l'entrée dans l'atelier ou établissement et celle de la sortie. Ils devront également tenir un registre sur lequel seront mentionnées toutes les indications insérées au présent article.

ART. 11. Les patrons ou chefs d'industrie seront tenus de faire afficher, dans chaque atelier, les dispositions de la présente loi et les règlements d'administration publique relatifs à son exécution.

ART. 12. Des règlements d'administration publique détermineront les différents genres de travaux, présentant des causes de danger ou excédant leurs forces, qui seront interdits aux enfants dans les ateliers où ils seront admis.

ART. 13. Les enfants ne pourront être employés dans les fabriques et ateliers indiqués au tableau officiel des établissements insalubres ou dangereux, que sous les conditions spéciales déterminées par un règlement d'administration publique.

Cette interdiction sera généralement appliquée à toutes les opérations où l'ouvrier est exposé à des manipulations ou à des émanations préjudiciables à sa santé.

En attendant la publication de ce règlement, il est interdit d'employer les enfants âgés de moins de seize ans :

1° Dans les ateliers où l'on manipule des matières explosibles et dans ceux où l'on fabrique des mélanges détonants, tels que poudre, fulminate, etc. ou tous autres éclatant par le choc ou par le contact d'un corps enflammé ;

2° Dans les ateliers destinés à la préparation, à la distillation ou à la manipulation de substances corrosives ou vénéneuses, et de celles qui dégagent des gaz délétères ou explosibles.

La même interdiction s'applique aux travaux dangereux ou malsains, tels que :

L'aiguisage ou le polissage à sec des objets en métal et des verres ou cristaux ;

Le battage ou grattage à sec des plombs carbonatés dans les fabriques de céruse ;

Le grattage à sec d'émaux à base d'oxyde de plomb dans les fabriques de verre dit DE MOUSSELINE ;

L'étamage au mercure des glaces ;

La dorure au mercure.

Art. 14. Les ateliers doivent être tenus dans un état constant de propreté et convenablement ventilés.

Ils doivent présenter toutes les conditions de sécurité et de salubrité nécessaires à la santé des enfants.

Dans les usines à moteurs mécaniques, les roues, les courroies, les engrenages ou tout autre appareil, dans le cas où il aura été constaté qu'ils présentent une cause de danger, seront séparés des ouvriers de telle manière que l'approche n'en soit possible que pour les besoins du service.

Les puits, trappes et ouvertures de descente doivent être clôturés.

Art. 15. Les patrons ou chefs d'établissement doivent, en outre, veiller au maintien des bonnes mœurs et à l'observation de la décence publique dans leurs ateliers.

SECTION VI.

INSPECTION.

Art. 16. Pour assurer l'exécution de la présente loi, il sera nommé quinze inspecteurs divisionnaires. La nomination des inspecteurs sera faite par le gouvernement, sur une liste de présentation dressée par la Commission supérieure ci-dessous instituée, et portant trois candidats pour chaque emploi disponible.

Ces inspecteurs seront rétribués par l'État.

Chaque inspecteur divisionnaire résidera et exercera sa surveillance dans l'une des quinze circonscriptions territoriales déterminées par un règlement d'administration publique.

Art. 17. Seront admissibles aux fonctions d'inspecteur, les candidats qui justifieront du titre d'ingénieur de l'État ou d'un diplôme d'ingénieur civil, ainsi que les élèves diplômés de l'école centrale des arts et manufactures et des écoles des mines.

Seront également admissibles ceux qui auront déjà rempli, pendant trois ans au moins, les fonctions d'inspecteur du travail des enfants ou qui justifieront avoir dirigé ou surveillé, pendant cinq années, des établissements industriels occupant cent ouvriers au moins.

ART. 18. Les inspecteurs ont entrée dans tous les établissements manufacturiers, ateliers et chantiers. Ils visitent les enfants ; ils peuvent se faire représenter le registre prescrit par l'article 10, les livrets, les feuilles de présence aux écoles, les règlements intérieurs.

Les contraventions seront constatées par les procès-verbaux des inspecteurs qui feront foi jusqu'à preuve contraire.

Lorsqu'il s'agira de travaux souterrains, les contraventions seront constatées concurremment par les inspecteurs ou par les garde-mines.

Les procès-verbaux seront dressés en double exemplaire, dont l'un sera envoyé au préfet du département et l'autre déposé au parquet.

Toutefois, lorsque les inspecteurs auront reconnu qu'il existe dans un établissement ou un atelier une cause de danger ou d'insalubrité, ils prendront l'avis de la Commission locale, ci-dessous instituée, sur l'état de danger ou d'insalubrité, et ils consigneront cet avis dans un procès-verbal.

Les dispositions ci-dessus ne dérogent point aux règles du droit commun, quant à la constatation et à la poursuite des infractions commises à la présente loi.

ART. 19. Les inspecteurs devront, chaque année, adresser des rapports à la Commission supérieure ci-dessous instituée.

SECTION VII.

COMMISSIONS LOCALES.

Art. 20. Il sera institué, dans chaque département, des Commissions locales, dont les fonctions seront gratuites, chargées : 1° de veiller à l'exécution de la présente loi ; 2° de contrôler le service de l'inspection ; 3° d'adresser au préfet du département, sur l'état du service et l'exécution de la loi, des rapports qui seront transmis au ministre et communiqués à la Commission supérieure.

A cet effet, les Commissions locales visiteront les établissement industriels, ateliers et chantiers ; elles pourront se faire accompagner d'un médecin quand elles le jugeront convenable.

Art. 21. Le Conseil général déterminera, dans chaque département, le nombre et la circonscription des Commissions locales ; il devra en établir une au moins dans chaque arrondissement ; il en établira, en outre, dans les principaux centres industriels ou manufacturiers, là où il le jugera nécessaire.

Le Conseil général pourra également nommer un inspecteur spécial, rétribué par le département ; cet inspecteur devra toutefois agir sous la direction de l'inspecteur divisionnaire.

Art. 22. Les Commissions locales seront composées de cinq membres au moins et de sept au plus, nommés par le préfet, sur une liste de présentation arrêtée par le Conseil général.

On devra faire entrer, autant que possible, dans chaque Commission un ingénieur de l'État ou un ingénieur civil, un inspecteur de l'instruction primaire et un ingénieur des mines dans les régions minières.

Les Commissions sont renouvelées tous les cinq ans : les membres sortants pourront être de nouveau appelés à en faire partie.

SECTION VIII.

COMMISSION SUPÉRIEURE.

ART. 23. Une Commission supérieure composée de neuf membres, dont les fonctions sont gratuites, est établie auprès du ministère du commerce ; cette Commission est nommée par la Président de la République ; elle est chargée :

1° de veiller à l'application uniforme et vigilante de la présente loi ;

2° de donner son avis sur les règlements à faire, et généralement sur les diverses questions intéressant les travailleurs protégés ;

3° enfin, d'arrêter les listes de présentation des candidats pour la nomination des inspecteurs divisionnaires.

ART. 24. Chaque année le président de la Commission supérieure adressera au Président de la République un rapport général sur les résultats de l'inspection et sur les faits relatifs à l'exécution de la présente loi.

Ce rapport devra être, dans le mois de son dépôt, publié au *Journal officiel*.

Le gouvernement rendra compte, chaque année, à l'Assemblée nationale de l'exécution de la loi et des règlements d'administration publique destinés à la compléter.

SECTION IX.

PÉNALITÉS.

Art. 25. Les manufacturiers, directeurs ou gérants d'établissements industriels et les patrons, qui auront contrevenu aux prescriptions de la présente loi et des règlements d'administration publique relatifs à son exécution seront poursuivis devant le tribunal correctionnel et punis d'une amende de seize à cinquante francs.

L'amende sera appliquée autant de fois qu'il y a eu de personnes employées dans des conditions contraires à la loi, sans que son chiffre total puisse excéder cinq cents francs.

Toutefois, la peine ne sera pas applicable si les manufacturiers, directeurs ou gérants d'établissements industriels et les patrons établissent que l'infraction à la loi a été le résultat d'une erreur provenant de la production d'actes de naissance, livrets ou certificats contenant de fausses énonciations ou délivrés pour une autre personne.

Les dispositions des articles 12 et 13 de la loi du 22 juin 1854 sur les livrets d'ouvriers seront, dans ce cas, applicables aux auteurs des falsifications.

Les chefs d'industrie sont civilement responsables des condamnations prononcées contre leurs directeurs ou gérants.

Art. 26. S'il y a récidive, les manufacturiers, directeurs ou gérants d'établissements industriels et les patrons seront condamnés à une amende de 50 à 200 francs.

La totalité des amendes réunies ne pourra toutefois excéder mille francs.

Il y a récidive lorsque le contrevenant a été frappé, dans les douze mois qui ont précédé le fait qui est l'objet de la poursuite, d'un premier jugement pour infraction à la présente loi ou aux règlements d'administration publique relatifs à son exécution.

Art. 27. L'affichage du jugement pourra, suivant les circonstances, et en cas de récidive seulement, être ordonné par le tribunal de police correctionnelle.

Le tribunal pourra également ordonner, dans le même cas, l'insertion de sa sentence, aux frais du contrevenant, dans un ou plusieurs journaux du département.

Art. 28. Seront punis d'une amende de 16 à 100 francs les propriétaires d'établissements industriels et les patrons qui auront mis obstacle à l'accomplissement des devoirs d'un inspecteur, des membres des Commissions, ou des médecins, ingénieurs et experts délégués pour une visite ou une constatation.

Art. 29. L'article 463 du Code pénal est applicable aux condamnations prononcées en vertu de la présente loi.

Le montant des amendes résultant de ces condamnations sera versé au fonds de subvention affecté à l'enseignement primaire dans le budget de l'instruction publique.

SECTION X.

DISPOSITIONS SPÉCIALES

Art. 30. Les articles 2, 3, 4 et 5 de la présente loi sont applicables aux enfants placés en apprentissage et employés à un travail industriel.

Les dispositions des articles 18 et 25 ci-dessus seront appliquées auxdits cas, en ce qu'elles modifient la juridiction et la quotité de l'amende indiquées au premier paragraphe de l'article 20 de la loi du 22 février 1851.

Ladite loi continuera à recevoir son exécution dans ses autres prescriptions.

ART. 31. Par mesure transitoire, les dispositions édictées par la présente loi ne seront applicables qu'un an après sa promulgation.

Toutefois, à ladite époque, les enfants déjà admis légalement dans les ateliers, continueront à y être employés aux conditions spécifiées dans l'article 3.

ART. 32. A l'expiration du délai susindiqué, toutes dispositions contraires à la présente loi seront et demeureront abrogées.

Délibéré en séances publiques, à Versailles, les 25 novembre 1872, 10 février 1873 et 19 mai 1874.

Le Président,

Signé : L. BUFFET.

Les Secrétaires,

Signé : Félix VOISIN, Francisque RIVE, Louis DE SÉGUR, E. DE CAZENOVE DE PRADINE.

Le Président de la République promulgue la présente loi.

Signé : Maréchal DE MAC-MAHON, *duc de Magenta.*

Le ministre de l'Agriculture et du Commerce,

Signé : L. GRIVART.

3 juin 1874.

RÈGLEMENTS D'ADMINISTRATION PUBLIQUE ET DÉCRETS.

1ᵉʳ RÈGLEMENT

RELATIF A L'EMPLOI DES ENFANTS DE DIX A DOUZE ANS.

Décret du 27 mars 1875.

Le président de la République française,

Sur le rapport du ministre de l'agriculture et du commerce,

Vu l'article 2 de la loi du 19 mai 1874, ainsi conçu :

« Les enfants ne pourront être employés par des patrons ni être admis dans les manufactures, usines, ateliers ou chantiers avant l'âge de douze ans révolus.

« Ils pourront être toutefois employés à l'âge de dix ans révolus dans les industries spécialement déterminées par un règlement d'administration publique rendu sur l'avis conforme de la Commission supérieure ci-dessous instituée. »

Vu l'avis du comité consultatif des arts et manufactures ;
— Vu l'avis de la Commission spéciale instituée par l'article 23 de la loi du 19 mai 1874 ;

Le conseil d'État entendu,

Décrète :

ARTICLE PREMIER. Les enfants de dix à douze ans peuvent, dans les conditions déterminées par la loi, être employés dans les industries dont la nomenclature suit :

1° Dévidage des cocons ; — 2° Filature de bourre de soie ; — 3° Filature du coton ; — 4° Filature de la laine ; — 5° Filature du lin ; — 6° Filature de la soie ; — 7° Impression à la main sur tissus ; — 8° Moulinage de la soie ; — 9° Papeterie (les enfants de dix à douze ans ne pourront être employés au triage des chiffons) ; — 10° Retordage du coton ; — 11° Tulles et dentelles (fabrication mécanique des) ; — 12° Verrerie.

ART. 2. Le ministre de l'agriculture et du commerce est chargé de l'exécution du présent décret.

2° RÈGLEMENT

SUR LE TRAVAIL DE NUIT, DES DIMANCHES ET JOURS FÉRIÉS.

Décret du 22 mai 1875.

Le président de la République française,

Sur le rapport du ministre de l'agriculture et du commerce,

Vu les articles 4, 5 et 6 de la loi du 19 mai 1874, ainsi conçus :

« ART. 4. Les enfants ne pourront être employés à aucun travail de nuit jusqu'à l'âge de seize ans révolus.

« La même interdiction est appliquée à l'emploi des filles mineures de seize à vingt et un ans, mais seulement dans les usines et manufactures.

« ART. 5. Les enfants âgés de moins de seize ans et les filles âgées de moins de vingt et un ans ne pourront être employés à aucun travail, par leurs patrons, les dimanches et fêtes reconnues par la loi, même pour rangement de l'atelier.

« ART. 6. Néanmoins, dans les usines à feu continu, les enfants pourront être employés la nuit ou les dimanches et jours fériés aux travaux indispensables.

« Les travaux tolérés et le laps de temps pendant lequel ils devront être exécutés seront déterminés par des règlements d'administration publique.

« Ces travaux ne seront, dans aucun cas, autorisés que pour des enfants âgés de douze ans au moins.

« On devra, en outre, leur assurer le temps et la liberté nécessaires à l'accomplissement des devoirs religieux. »

Vu l'avis du comité consultatif des arts et manufactures ; — Vu l'avis de la Commission supérieure instituée par l'article 23 de la loi du 19 mai 1874 ;

Le conseil d'État entendu,

Décrète :

ARTICLE PREMIER. Les enfants du sexe masculin, de douze à seize ans, peuvent être employés la nuit dans les usines à feu continu dont la nomenclature suit :

Papeteries ; — Sucreries ; — Verreries ; — Usines métallurgiques.

DANS LES PAPETERIES, les enfants peuvent être employés à aider les surveillants des machines et appareils, ainsi qu'aux opérations qui ont pour objet de couper, trier, ranger, rouler et apprêter le papier.

DANS LES SUCRERIES, les enfants sont admis à coopérer aux travaux de râperie suivants : alimenter le lavoir, secouer les sacs de pulpe, porter les sacs vides, présenter les sacs et claies. Ils peuvent être chargés de la manœuvre de robinets à jus et à eau et être appelés à aider les ouvriers d'état en cas de réparations urgentes.

DANS LES VERRERIES, les enfants ne sont employés qu'aux travaux suivants : aider l'ouvrier qui moule et qui souffle le verre, porter les objets dans les fours à cuire, présenter les outils.

Dans les usines métallurgiques, les enfants peuvent être employés comme aides aux opérations des fours à puddler et à réchauffer, à celles des fours d'affinerie et des fours de réduction, aux travaux du laminage et du martelage, à la fabrication du fer-machine et des objets en fonte moulée de première fusion.

Art. 2. Lorsque les enfants sont employés toute la nuit, leur travail doit être coupé par des intervalles de repos représentant un temps total de repos au moins égal à deux heures.

La durée totale du travail, y compris le temps de repos, ne peut d'ailleurs dépasser douze heures par vingt-quatre heures.

Les enfants ne peuvent être employés plus de six nuits par quinzaine, sauf dans les verreries où l'on travaille à la fonte [1].

Art. 3. Le travail est autorisé, aux conditions fixées par l'article 1er, le dimanche et les jours fériés dans les sucreries et les verreries, sauf de six heures du matin à midi.

Dans les papeteries et usines métallurgiques il est également autorisé, sauf de six heures du matin à six heures du soir.

Art. 4. L'ordre du travail du dimanche, dans les usines dénommées à l'article 3, sera toujours distribué de manière à permettre l'application du paragraphe 4 de l'article 6 de la loi susvisée, et concernant l'accomplissement des devoirs religieux.

Art. 5. Les chefs des industries dénommées au présent

1. Le rapport du comité des arts et manufactures propose cit exemple aux industriels les combinaisons indiquées dans le tableau ci-dessous, dans le but d'effectuer l'alternance hebdoma-

daire des équipes sans imposer à l'enfant un travail aussi prolongé que celui de l'ouvrier.

1° ALTERNANCE DES ÉQUIPES EFFECTUÉE PAR 18 HEURES DE TRAVAIL.

	SAMEDI			DIMANCHE				LUNDI			
	MINUIT.	6 h. matin.	6 h. soir.	MINUIT.	6 h. matin.	MIDI.	6 h. soir.	MINUIT.	6 h. matin.	6 h. soir.	MINUIT.
Trav. des ouvr.		12 heures. Équipe A.	12 heures. Équipe B.	18 heures. Équipe A.			18 heures. Équipe B.		12 heures. Équipe A.		
Trav. des enf.		12 heures. Équipe a.	12 heures. Équipe b.	12 heures. Équipe a.	Repos dominical des enfants.		12 heures. Équipe b.	Repos de nuit des enfants.	12 heures. Équipe a.		

2° ALTERNANCE DES ÉQUIPES EFFECTUÉE PAR 12 HEURES DE TRAVAIL INTERROMPUES PAR UN REPOS DE 6 HEURES.

	SAMEDI			DIMANCHE				LUNDI			
Trav. des ouvr.		12 heures. Équipe A.	12 heures. Équipe B.	12 heures. Équipe A.	12 heures. Équipe B.	6 heures. Équipe A.	6 heures. Équipe B.	12 heures. Équipe A.			
Trav. des enf.		12 heures. Équipe a.	12 heures. Équipe b.	12 heures. Équipe a.	Repos dominical des enfants.		12 heures. Équipe b.	Repos de nuit des enfants.	12 heures. Équipe a.			

règlement doivent afficher dans leurs ateliers un tableau de l'emploi du temps des enfants, faisant connaître les heures de reprise et le système d'alternance des équipes ainsi que les suspensions de travail.

Ce tableau de l'emploi du temps doit être revêtu de la signature de l'inspecteur institué par l'article 16 de la loi susvisée.

Art. 6. Le Ministre de l'Agriculture et du Commerce est chargé de l'exécution du présent décret.

3e RÈGLEMENT.

RELATIF AU TRAVAIL DES ENFANTS DANS LES MINES.

Décret du 12 mai 1875.

Le Président de la République française,

Sur le rapport du Ministre de l'Agriculture et du Commerce;

Vu l'article 7 de la loi du 19 mai 1874, ainsi conçu :

« Aucun enfant ne peut être admis dans les travaux sou-
« terrains des mines, minières et carrières avant l'âge de
« douze ans révolus.

« Les filles et femmes ne peuvent être admises dans ces
« travaux.

« Les conditions spéciales du travail des enfants de douze
« à seize ans, dans les galeries souterraines, seront déter-
« minées par des règlements d'administration publique. »

Vu l'avis du Comité consultatif des arts et manufactures ;

— Vu l'avis de la Commission supérieure instituée par l'article 3 de la loi du 19 mai 1874 ;

Le conseil d'État entendu,

Décrète :

ARTICLE PREMIER. La durée du travail effectif des enfants

du sexe masculin de douze à seize ans dans les galeries souterraines des mines, minières et carrières, ne peut excéder huit heures sur vingt-quatre heures, coupées par un repos d'une heure au moins.

ART. 2. Les enfants de douze à seize ans ne peuvent être occupés aux travaux proprement dits du mineur, tels que l'abatage, le forage, le boisage, etc.

Ils ne peuvent être employés qu'au triage et au chargement du minerai, à la manœuvre et au roulage des wagonnets, à la garde et à la manœuvre des portes d'aérage, à la manœuvre des ventilateurs à bras et autres travaux accessoires n'excédant pas leurs forces.

Les enfants employés à faire tourner les ventilateurs ne pourront y être occupés pendant plus de quatre heures, coupées par un repos d'une demi-heure au moins.

ART. 3 (DISPOSITION TRANSITOIRE). Dans les mines où le service est actuellement réglé sur le pied de dix heures de travail effectif, les enfants pourront continuer d'être occupés pendant le même temps et dans les conditions fixées par l'article 2, mais seulement jusqu'au 1er mai 1878. A partir de cette époque, les enfants ne pourront travailler que huit heures sur vingt-quatre, ainsi qu'il est dit à l'article 1er.

ART. 4. Le Ministre de l'Agriculture et du Commerce est chargé de l'exécution du présent décret.

4ᵉ RÈGLEMENT.

RELATIF AUX TRAVAUX FATIGANTS OU DANGEREUX.

Décret du 13 mai 1875.

Le Président de la République française,

Sur le rapport du Ministre de l'Agriculture et du Commerce ;

Vu l'article 12 de la loi du 19 mai 1874, ainsi conçu :

« Des règlements d'administration publique détermine-
« ront les différents genres de travaux présentant des cau-
« ses de danger ou excédant leurs forces, qui seront
« interdits aux enfants dans les ateliers où ils seront
« admis. »

Vu l'avis du Comité consultatif des arts et manufactures ;

Vu l'avis de la Commission supérieure instituée par
l'article 23 de la loi du 19 mai 1874 ;

Le conseil d'Etat entendu,

Décrète :

ARTICLE PREMIER. Il est interdit d'employer les enfants
au-dessous de seize ans au graissage, au nettoyage, à la
visite ou à la réparation des machines ou mécanismes en
marche.

Il est interdit de les employer aux mêmes opérations
lorsque les mécanismes étant arrêtés, les transmissions
marchent encore, à moins que le débrayage ou le volant
n'aient été préalablement calés.

ART. 2. Il est interdit d'employer des enfants au-dessous
de seize ans dans les ateliers qui mettent en jeu des machines, dont les parties dangereuses et pièces saillantes

mobiles ne sont point couvertes de couvre-engrenages, ou garde-mains ou autres organes protecteurs.

ART. 3. Les enfants de dix à douze ans, exceptionnellement autorisés, par le règlement du 27 mars 1875, à participer aux travaux de certaines industries, ne pourront être employés ni à porter ni à traîner des fardeaux.

Les enfants, depuis l'âge de douze ans jusqu'à celui de quatorze ans révolus, ne pourront être chargés sur la tête ou sur le dos au delà du poids de dix kilogrammes. Les enfants, depuis l'âge de quatorze ans jusqu'à celui de seize ans révolus, ne pourront, dans les mêmes conditions, recevoir une charge supérieure à quinze kilogrammes.

Il est interdit de faire traîner aux enfants de douze à seize ans des charges exigeant des efforts supérieurs à ceux qui correspondent aux poids indiqués au paragraphe précédent.

ART. 4. Il est interdit d'employer les enfants au-dessous de seize ans à faire tourner des appareils en sautillant sur une pédale. Il est également interdit de les employer à faire tourner des roues horizontales.

ART. 5. Les enfants au-dessous de seize ans ne pourront être employés à tourner des roues verticales ou utilisés comme producteurs de force motrice, que pendant une durée d'une demi-journée de travail divisée par un repos d'une heure au moins.

ART. 6. Dans les usines ou ateliers employant des scies circulaires ou des scies à ruban, les enfants au-dessous de seize ans ne pourront être employés à pousser la matière à scier contre la scie.

ART. 7. Les enfants au-dessous de seize ans ne pourront être employés au travail des cisailles et autres lames tranchantes mécaniques.

ART. 8. Les enfants, depuis l'âge de dix ans jusqu'à celui

de seize ans révolus, ne pourront, dans les verreries, être employés à cueillir le verre dans les creusets.

ART. 9. Il est interdit de préposer des enfants au-dessous de seize ans au service des robinets à vapeur.

ART. 10. Le Ministre de l'Agriculture et du Commerce est chargé de l'exécution du présent décret.

5e RÈGLEMENT.

RELATIF AU TRAVAIL DES ENFANTS DANS LES ÉTABLISSEMENTS
CLASSÉS COMME INSALUBLES, DANGEREUX OU INCOMMODES,

Décret du 14 mai 1875.

Le Président de la République française,

Sur le rapport du Ministre de l'Agriculture et du Commerce ;

Vu l'article 13 de la loi du 19 mai 1874, ainsi conçu :

« Les enfants ne pourront être employés dans les fabriques « et ateliers indiqués au tableau officiel des établissements « insalubres ou dangereux que sous les conditions spéciales « déterminées par un règlement d'administration publique.

« Cette interdiction sera généralement appliquée à toutes « les opérations où l'ouvrier est exposé à des manipulations « ou à des émanations préjudiciables à sa santé.

Vu les décrets du 31 décembre 1866 et du 31 janvier 1872 portant nomenclature des établissements dangereux, incommodes ou insalubres ;

Vu l'avis du Comité consultatif des arts et manufactures ;
— Vu l'avis de la Commission supérieure instituée par l'article 23 de la loi du 19 mai 1874 ;

Le conseil d'État entendu,

Décrète :

ARTICLE 1er. Le travail des enfants est interdit dans les

établissements dénommés au tableau A annexé au présent décret. Il est interdit également dans les ateliers où se pratiquent l'aiguisage et le polissage à sec des objets en métal et des verres ou cristaux.

Art. 2. Le travail des enfants est autorisé dans les établissements dénommés au tableau B, mais seulement sous les conditions spécifiées audit tableau.

Art. 3. Dans les établissements compris dans la nomenclature générale des ateliers dangereux, incommodes ou insalubres qui ne figurent ni au tableau A ni au tableau B annexés au présent décret, le travail des enfants est autorisé sans autres conditions que celles prescrites par la loi susvisée du 19 mai 1874 et par les lois et règlements sur la matière.

Art. 4. Le Ministre de l'Agriculture et du Commerce est chargé de l'exécution du présent décret.

TABLEAU A.

ÉTABLISSEMENTS DANS LESQUELS L'EMPLOI DES ENFANTS
EST INTERDIT ET RAISONS DE L'INTERDICTION.

Établissements.	Raisons de l'interdiction.
Abattoir public.	Dangers de blessures.
Absinthe. (Voir Distilleries.)	
Acide arsénique (Fabrication de l'), au moyen de l'acide arsénique et de l'acide azotique.	Dangers d'empoisonnement, vapeurs délétères.
Acide chlorhydrique (Production de l') par décomposition des chlorures de magnésium, d'aluminium et autres.	Émanations corrosives, dangers d'accidents.
Acide muriatique. (Voir acide chlorhydrique.)	
Acide nitrique.	Vapeurs délétères.
Acide oxalique (Fabrication de l').	Vapeurs délétères.
Acide picrique.	Vapeurs délétères.
Acide sulfurique (Fabrication de l').	Vapeurs irritantes et dangers de brûlure.
Acide urique. (Voir Murexide.)	
Affinage de l'or et de l'argent par les acides.	Vapeurs corrosives.
Alcools autres que de vin, sans travail de rectification.	Dangers d'incendie.
Alcools (Distillerie agricole des).	Dangers d'incendie.
Alcool (Rectification de l').	Dangers d'incendie.
Amorces fulminantes (Fabrication des) sans distinction de classe.	Dangers d'explosion et d'incendie.
Argenture sur métaux. (Voir Dorure et Argenture.)	
Arséniate de potasse (Fabrication de l') au moyen du salpètre.	Dangers d'empoisonnement, vapeurs délétères.
Artifice (Fabrication des pièces d').	Dangers d'explosion et d'incendie.
Benzine (Fabrication et Dépôts de). (Voir Huiles de pétrole, de schiste, etc.)	Dangers d'incendie.
Blanc de plomb. (Voir Céruse).	
Blanc de zinc (Fabrication de) par la combustion du métal.	Poussières nuisibles.
Bleu de Prusse (Fabrication de). (Voir Cyanure de potassium.)	
Bouillon de bière (Distillation du). (Voir Distilleries.)	
Caoutchouc (Travail du), avec emploi d'huiles essentielles ou de sulfure de carbone.	Vapeurs délétères.
Caoutchouc (Application des enduits du).	Vapeurs délétères.
Cendres d'orfévre (Traitement des) par le plomb.	Vapeurs délétères.
Cendres gravelées.	Dangers d'empoisonnement.

Établissements.	Raisons de l'interdiction.
Céruse ou Blanc de plomb (Fabrication de la).	Dangers d'empoisonnement.
Chiens (Infirmeries de).	Dangers de morsures.
Chiffons (Dépôts de).	Poussières nuisibles.
Chlore (Fabrication du).	Vapeurs délétères.
Chlorure de chaux (Fabrication du).	Vapeurs délétères.
Chlorures alcalins, eau de Javelle (Fabrication des).	Vapeurs délétères.
Chromate de potasse (Fabrication du).	Maladies spéciales dues aux émanations
Chrysalides (Ateliers pour l'extraction des parties soyeuses des).	Emanations malsaines.
Cuirs vernis (Fabrication de).	Dangers d'incendie.
Cuivre (Dérochage du) par les acides.	Vapeurs corrosives.
Cyanure de potassium et Bleu de Prusse (Fabrication de).	Emanations malsaines.
Cyanure rouge de potassium ou prussiate rouge de potasse.	Dangers d'empoisonnement.
Dérochage du cuivre. (Voir Cuivre.)	
Distilleries en général, eau-de-vie, genièvre, kirsch, absinthe et autres liqueurs alcooliques.	Dangers d'incendie.
Dorure et argenture sur métaux.	Dangers d'empoisonnement dans le procédé au mercure ; vapeurs délétères par les procédés aux acides.
Eau de Javelle (Fabrication d'). (Voir Chlorures alcalins.)	
Eau-de-vie. (Voir Distilleries.)	
Eau-forte. (Voir Acide nitrique.)	
Email (Applic. de l') sur les métaux.	Émanations vénéneuses.
Emaux (Fabrication d') avec fours non fumivores.	Poussières vénéneuses.
Equarrissage des animaux.	Dangers d'accidents.
Etamage des glaces.	Vapeurs délétères.
Ether (Fabrication et Dépôts d'), sans distinction de classe.	Dangers d'incendie.
Etoupilles (Fabrication d') avec matières explosibles.	Dangers d'explosion et d'incendie.
Feutres et Visières vernis (Fabric. de).	Dangers d'incendie.
Fonte et laminage du plomb, du zinc et du cuivre.	Emanations malsaines.
Fulminate de mercure (Fabric. du).	Vapeurs délétères, dangers d'explosion.
Genièvre. (Voir Distilleries.)	
Glaces (Etamage des).(Voir Etamage.)	Dangers d'incendie.
Huiles de pétrole, de schiste et de goudron, essences et autres hydrocarbures employés pour l'éclairage, le chauffage, la fabrication des couleurs et vernis, le dégraissage des étoffes et autres usages.	
Huiles essentielles ou essences de térébenthine, d'aspic et autres. (Voir Huiles de pétrole, de schiste, etc.)	Dangers d'incendie.
Huiles extraites des schistes bitumineux. (V. Huiles de pétrole, de schiste, etc.).	
Kirsch. (Voir Distilleries.)	
Liquides pour l'éclairage (Dépôts de) au moyen de l'alcool et des huiles essentielles.	Dangers d'incendie.

Établissements.	Raisons de l'interdiction.
Liqueurs alcooliques. (Voir Distilleries.)	
Litharge (Fabrication de).	Dangers d'empoisonnement.
Massicot (Fabrication du).	Dangers d'empoisonnement.
Minium (Fabrication du).	Dangers d'empoisonnement.
Murexide (Fabrication de la) en vase clos par la réaction de l'acide azotique et de l'acide urique du guano.	Vapeurs délétères.
Nitrate de fer (Fabrication du).	Vapeurs délétères.
Nitro-benzine, aniline et matières dérivant de la benzine (Fabrication de la).	Vapeurs délétères.
Olives (Tourteaux d'). (Voir Tourteaux.)	
Peaux de lièvre et de lapin. (Voir Sécrétage.)	
Pétrole. (Voir Huiles de pétrole.)	
Phosphore (Fabrication de).	Vapeurs délétères.
Pileries mécaniques des drogues.	Poussières nuisibles et parfois vénéneuses.
Plomb (Fonte et Laminage du). (Voir Fonte, etc.)	Dangers d'intoxication.
Poils de lièvre et de lapin. (Voir Sécrétage.)	
Potasse. (Voir Chromate de potasse.)	Dangers d'explosion et d'incendie.
Poudres et Matières fulminantes (Fabrication de). (Voir aussi Fulminate de mercure.)	
Prussiate de potasse. (Voir Cyanure de potassium.)	
Rouge de Prusse et d'Angleterre.	Émanations nuisibles.
Schiste bitumineux. (Voir Huiles de pétrole, de schiste, etc.)	
Sécrétage des peaux ou poils de lièvre et de lapin.	Émanations délétères et poussières.
Sel de soude (Fabrication du) avec le sulfate de soude.	Vapeurs corrosives.
Soude. (Voir Sulfate de soude).	
Sulfate de mercure (Fabrication du).	Vapeurs corrosives.
Sulfate de peroxyde de fer (Fabrication du) par le sulfate protoxyde de fer et l'acide nitrique (nitro-sulfate de fer).	Vapeurs délétères.
Sulfate de protoxyde de fer ou couperose verte par l'action de l'acide sulfurique sur la ferraille (Fabrication en grand du).	Vapeurs irritantes, dangers de brûlure.
Sulfate de soude (Fabrication du).	Dégagements corrosifs.
Sulfure de carbone (Fabrication du).	Vapeurs délétères, dangers d'incendie.
Sulfure de carbone (Manufactures dans lesquelles on emploie en grand le).	Vapeurs délétères, dangers d'incendie.
Sulfure de carbone (Dépôts de). (Suivant le régime des huiles de pétrole.)	Vapeurs délétères, dangers d'incendie.
Taffetas et Toiles vernis (Fabrication de).	Dangers d'incendie.
Toiles vernies (Fabrication de). (Voir Taffetas et toiles vernis.)	
Térébenthine (Distillation et Travail	Dangers d'incendie.

Établissements.	Raisons de l'interdiction.
en grand de la). (Voir Huiles de pétrole, de schiste, etc.)	
Tourteaux d'olives (Traitement des) par le sulfure de carbone.	Vapeurs insalubres, dangers d'incendie.
Tueries d'animaux. (Voir aussi Abattoir public.)	Dangers d'accidents.
Vernis à l'esprit-de-vin (Fabrique de).	Dangers d'incendie.
Vernis (Ateliers où l'on applique le) sur les cuirs, feutres, taffetas, toiles. (Voir ces mots.)	Dangers d'incendie.
Visières et Feutres vernis (Fabrique de). (Voir Feutres et Visières.)	

———

TABLEAU B.

ÉTABLISSEMENTS DANS LESQUELS L'EMPLOI DES ENFANTS
EST AUTORISÉ SOUS CERTAINES CONDITIONS.

Établissements.	Conditions.
Allumettes (Fabrication des) avec matières détonantes et fulminantes.	Interdiction dans les locaux où l'on fond la pâte et où l'on trempe les allumettes. Dans les autres locaux, emploi autorisé, mais pendant six heures seulement sur vingt-quatre.
Battage, Cardage et épuration des laines, crins et plumes de literie.	Interdiction dans les locaux où les poussières provenant des opérations se dégagent librement.
Battage des tapis en grand.	Interdiction dans les locaux où les poussières provenant des opérations se dégagent librement.
Blanchiment.	Interdiction dans les locaux où l'on dégage le chlore ou l'acide sulfureux.
Boutonniers et autres emboutisseurs de métaux par moyens mécaniques.	Interdiction dans les locaux où les poussières provenant du tournage se dégagent librement.
Boyauderies (Travail des boyaux frais pour tous usages).	Interdiction du travail des enfants pour le soufflage; dangers d'affections pulmonaires.
Chanvre (Teillage et Rouissage du) en grand. (Voir aux mots Teillage et Rouissage.)	Interdiction dans les locaux où l'on effectue le teillage mécanique.
Chanvre imperméable. (Voir Feutre goudronné).	
Chapeaux de feutre (Fabrication de).	Interdiction dans les locaux où les poussières provenant de la prépara-

Établissements.	Conditions.
	tion des poils, soies, etc., se dégagent librement.
Chapeaux de soie ou autres préparés au moyen d'un vernis (Fabrication de).	Interdiction dans les locaux où l'on applique ou prépare le vernis.
Chaux (Fours à).	Interdiction dans les locaux où les poussières provenant du broyage, du tamisage, etc., se dégagent librement.
Ciments (Fours à).	Interdiction dans les locaux où les poussières provenant du broyage, du tamisage, etc., se dégagent librement.
Cordes à instruments en boyaux (Fabrication de). (Voir Boyauderies).	
Coton et Coton gras (Blanchisserie des déchets de).	
Crins (Teinture des). (Voir Teintureries.)	Interdiction dans les opérations où l'on emploie le sulfure de carbone.
Crins et Soies de porc (Préparation des) sans fermentation. (Voir aux Soies de porc par fermentation.)	Interdiction dans les locaux où les poussières provenant des opérations se dégagent librement.
Eaux grasses (Extraction pour la fabrication du savon et autres usages des huiles contenues dans les).	Interdiction quand on emploie le sulfure de carbone.
Faïence (Fabrique de).	Interdiction dans les locaux où se pratique l'émaillage et où il se produit des dégagements de poussière par suite du broyage, du blutage, etc.
Feutre goudronné (Fabrication du).	Interdiction dans les locaux où les poussières se dégagent librement.
Filature des cocons (Ateliers dans lesquels la) s'opère en grand, c'est-à-dire employant au moins six tours.	Interdiction de l'emploi des enfants pour l'extraction des parties soyeuses des chrysalides.
Fours à plâtre et Fours à chaux. (Voir Plâtre, Chaux.)	
Impressions sur étoffes. (Voir Toiles peintes.)	
Jute (Teillage du). (Voir Teillage.)	
Lin (Teillage en grand du). (Voir Teillage.)	
Ménageries.	Interdiction quand la ménagerie renferme des bêtes féroces ou venimeuses.
Moulins à broyer le plâtre, la chaux, les cailloux et les pouzzolanes.	Interdiction dans les locaux où les poussières provenant des opérations se dégagent librement.
Noir minéral (Fabrication du) par le broyage des résidus de la distillation des schistes bitumineux.	Interdiction dans les locaux où les poussières se dégagent librement.
Ouates (Fabrication des).	Interdiction dans les locaux où les poussières se dégagent librement.
Papiers (Fabrication de).	Interdiction du travail des enfants pour le triage et la préparation des chiffons.
Pipes à fumer (Fabrication des).	Interdiction dans les locaux où les poussières se dégagent librement.
Plâtres (Fours à).	Interdiction dans les locaux où les

Établissements.	Conditions.
Poêliers fournalistes, poêles et fourneaux en faïences et terre cuite. (Voir Faïence.)	poussières provenant du broyage, du blutage, etc., se dégagent librement.
Porcelaine (Fabrication de).	Interdiction dans les locaux où les poussières provenant du broyage, du blutage, etc., se dégagent librement.
Poteries de terre (Fabrication de) avec fours non fumivores.	Interdiction dans les locaux où les poussières provenant du broyage, du blutage, etc., se dégagent librement.
Pouzzolane artificielle (Fours à).	Interdiction dans les locaux où les poussières provenant du broyage, du blutage, etc., se dégagent librement.
Soie. (Voir Chapeaux.) Soie. (Voir Filature.) Soies de porc (Préparation des.)	Interdiction dans les locaux où les poussières du battage se dégagent librement.
Soufre (Pulvérisation et Blutage du).	Interdiction dans les locaux où les poussières du broyage, blutage, etc., se dégagent librement.
Superphosphate de chaux et de potasse (Fabrication du).	Interdiction dans les locaux où se dégagent les poussières des opérations ou les vapeurs du traitement par les acides.
Tabacs (Manufactures de).	Interdiction dans les locaux où l'on démolit les masses.
Tan (Moulins à).	Interdiction dans les locaux où les poussières se dégagent librement.
Tanneries.	Interdiction dans les locaux où les poussières se dégagent librement.
Teillage du lin, du chanvre et du jute en grand.	Interdiction dans les locaux où les poussières se dégagent librement.
Teinturiers.	Interdiction dans les locaux où l'on emploie des matières toxiques.
Teintureries de peaux.	Interdiction dans les locaux où l'on emploie des matières toxiques.
Terres émaillées (Fabrication de).	Interdiction dans les locaux où l'on emploie des matières toxiques.
Toiles (Blanchiment des). (Voir Blanchiment.)	
Toiles peintes (Fabriques de).	Interdiction dans les locaux où l'on emploie des matières toxiques.
Tôles et Métaux vernis.	Interdiction dans les locaux où l'on emploie des matières toxiques.
Vernis (Ateliers où l'on applique le) sur les chapeaux. (Voir ce mot.)	
Verreries, Cristalleries et Manufactures de glaces.	Interdiction dans les locaux où se dégagent les poussières des opérations ou dans lesquels il est fait usage de matières toxiques.

RÈGLEMENTS D'ADMINISTRATION PUBLIQUE

DU 7 MARS 1877.

MODIFICATIFS DES RÈGLEMENTS PRÉCÉDENTS.

I.

Le Président de la République,

Sur le rapport du Ministre de l'Agriculture et du Commerce;

Vu l'article 2 de la loi du 19 mai 1874 sur le travail des enfants et des filles mineures employés dans l'industrie;

Vu le règlement d'administration publique du 27 mars 1875, qui détermine les industries dans lesquelles les enfants de dix à douze ans peuvent être employés;

Vu l'avis du Comité consultatif des arts et manufactures;

Vu l'avis de la Commission supérieure instituée par l'article 23 de la loi du 19 mai 1874;

Le conseil d'État entendu,

Décrète :

ARTICLE 1er. Le dévidage du coton et la corderie à la fenduc sont compris parmi les industries dans lesquelles les enfants de dix à douze ans peuvent être employés.

ART. 2. Le ministre de l'agriculture et du commerce est chargé de l'exécution du présent décret.

Fait à Versailles, le 1er mars 1877.

Maréchal DE MAC-MAHON,
duc DE MAGENTA.

Par le Président de la République :

Le ministre de l'agriculture et du commerce,

TEISSERENC DE BORT.

II.

Le Président de la République française,

Sur le rapport du ministre de l'agriculture et du commerce ;

Vu l'article 12 de la loi du 19 mai 1874 sur le travail des enfants et des filles mineures employés dans l'industrie ;

Vu l'article 8 du règlement d'administration publique, du 13 mai 1875, déterminant les différents genres de travaux auxquels il est interdit d'employer les enfants dans certains ateliers, parce que ces travaux présentent des causes de danger ou excèdent leurs forces ;

Vu l'avis du Comité consultatif des arts et manufactures ;

Vu l'avis de la Commission supérieure instituée par l'article 23 de la loi du 19 mai 1874 ;

Le conseil d'État entendu,

Décrète :

ARTICLE 1er. L'article 8 du règlement ci-dessus visé est remplacé par une disposition ainsi conçue :

« Les enfants au-dessous de douze ans ne peuvent, dans les verreries, être employés à cueillir le verre dans les creusets.

« Au-dessus de douze ans jusqu'à quatorze, ils pourront cueillir un poids de verre moindre que trois cents grammes. »

ART. 2. Le ministre de l'agriculture et du commerce est chargé de l'exécution du présent décret.

Fait à Versailles, le 2 mars 1877.

Maréchal DE MAC-MAHON,
duc DE MAGENTA.

Par le Président de la République :

Le ministre de l'agriculture et du commerce,
TEISSERENC DE BORT.

III.

Le Président de la République française,

Sur le rapport du ministre de l'agriculture et du commerce ;

Vu l'article 13 de la loi du 19 mai 1874, ainsi conçu :

« Les enfants ne pourront être employés dans les fabriques et ateliers indiqués au tableau officiel des établissements insalubres ou dangereux, que sous les conditions spéciales déterminées par un règlement d'administration publique.

« Cette interdiction sera généralement appliquée à toutes les opérations où l'ouvrier est exposé à des manipulations ou à des émanations préjudiciables à sa santé. »

Vu le règlement du 14 mai 1875, rendu en exécution dudit article, et contenant dans les tableaux A et B qui y sont annexés, la nomenclature des établissements dangereux, insalubres et incommodes dans lesquels le travail des enfants est interdit ou n'est autorisé que sous certaines conditions ;

Vu l'avis du Comité consultatif des arts et manufactures ;

Vu l'avis de la Commission supérieure instituée par l'article 23 de la loi du 19 mai 1874 ;

Le conseil d'État entendu,

Décrète :

Art. 1er. Il est interdit, dans les établissements industriels qui ne sont pas classés comme dangereux, insalubres et incommodes, d'employer les enfants à la fabrication ou à la manipulation de matières explosibles ou de matières toxiques, dans des conditions qui seraient de nature à préjudicier à la santé ou à menacer la sûreté des ouvriers.

Art. 2. L'emploi des enfants est également interdit dans les établissements ou opérations énumérés au tableau C annexé au présent règlement.

Art. 3. Le décret du 14 mai 1875 est rapporté en ce qu'il a de contraire au présent décret.

Art. 4. Le ministre de l'agriculture et du commerce est chargé de l'exécution du présent décret.

Fait à Versailles, le 3 mars 1877.

Maréchal DE MAC-MAHON,
duc DE MAGENTA.

Par le Président de la République :

Le ministre de l'agriculture et du commerce,
TEISSERENC DE BORT.

Tableau C

ÉTABLISSEMENTS OU OPÉRATIONS	MOTIFS DE L'INTERDICTION
Albâtre (Sciage et polissage à sec de l')	Poussières dangereuses.
Boîtes de conserves (Soudure des)....	Gaz délétères.
Chiffons (Déchiquetage des) pour les tissus dits renaissance	Poussières dangereuses.
Cristaux (Polissage à sec des)........	Id.
Dentelles (Blanchissage à la céruse des)	Id.
Emaux (Grattage des) dans les fabriques de verre mousseline..............	Id.
Grès (Extraction et piquage des)......	Id.
Marbres (Sciage ou polissage à sec des)	Id.
Matières minérales (Broyage à sec des).	Id.
Métaux (Aiguisage et polissage des)...	Id.
Meulières et meules (Extraction et fabrication des)	Id.
Peaux de lapin ou de lièvre (Coupage des poils de)...................	Id.
Pierre (Sciage ou polissage de la).....	Id.
Verre (Polissage à sec du)..........	Id.

Vu pour être annexé au décret en date du 3 mars 1877.

Le ministre de l'agriculture et du commerce,
TEISSERENC DE BORT.

IV.

Le Président de la République française,

Sur le rapport du Ministre de l'Agriculture et du Commerce ;

Vu les articles 4, 5 et 6 de la loi du 19 mai 1874 sur le travail des enfants et des filles mineures employés dans l'industrie ;

Vu les articles 2 et 3 du règlement d'administration publique, du 22 mai 1875, concernant le travail de nuit, des dimanches et jours fériés ;

Vu l'avis du Comité consultatif des arts et manufactures ;

Vu l'avis de la Commission supérieure instituée par l'article 23 de la loi du 19 mai 1874 ;

Le conseil d'État entendu,

Décrète :

Art. 1er. L'article 2 du règlement ci-dessus visé est complété par un paragraphe ainsi conçu :

« Dans les verreries où le travail de nuit est partagé entre deux équipes, les enfants peuvent travailler douze fois par quinzaine avec l'équipe de nuit à laquelle ils sont attachés.»

Art. 2. Le premier paragraphe de l'article 3 du même règlement est remplacé par les dispositions suivantes :

« Le travail est autorisé aux conditions fixées par l'article 1er, les dimanches et jours fériés, dans les sucreries, sauf de six heures du matin à midi.

« Dans les verreries, il est autorisé, sauf de huit heures du matin à six heures du soir. »

Art. 3. Le ministre de l'agriculture et du commerce est chargé de l'exécution du présent décret.

Fait à Versailles, le 5 mars 1877.

Maréchal DE MAC-MAHON, duc DE MAGENTA.

Par le Président de la République :

Le ministre de l'agriculture et du commerce,

TEISSERENC DE BORT.

SIXIÈME RÈGLEMENT.

Tableau des circonscriptions, noms et résidences des inspecteurs.

CIRCONSCRIPTIONS.	CHEFS-LIEUX. (La résidence de l'Inspecteur est indiquée par la lettre *R*)	NOMS des inspecteurs.
1re		MM.
Seine	PARIS	Maurice.
2e		
Seine-et-Marne	Melun	
Seine-et-Oise	Versailles	
Loiret	ORLÉANS *R*	
Eure-et-Loir	Chartres	Étienne d'Orves.
Loir-et-Cher	Blois	
Cher	Bourges	
Indre	Châteauroux	
3e		
Yonne	Auxerre	
Côte-d'Or	DIJON *R*	
Jura	Lons-le-Saunier	
Ain	Bourg	De Villenaut.
Saône-et-Loire	Mâcon	
Nièvre	Nevers	
Allier	Moulins	
4e		
Meurthe-et-Moselle . .	NANCY *R*	
Vosges	Épinal	
Saône (Haute-)	Vesoul	Plassiard.
Marne (Haute-)	Chaumont	
Doubs	Besançon	
5e		
Aisne	Laon	
Ardennes	Mézières	
Marne	REIMS *R*	Doll.
Meuse	Bar-le-Duc	
Aube	Troyes	
6e		
Pas-de-Calais	Arras	Nadeau.
Nord	LILLE *R*	

CIRCONSCRIPTIONS.	CHEFS-LIEUX. (La résidence de l'Inspecteur est indiquée par la lettre R)	NOMS des inspecteurs.
7e		MM.
Seine-Inférieure	ROUEN R...........	
Somme............	Amiens............	Colombier.
Oise	Beauvais...........	
8e		
Eure	Évreux	
Calvados...........	LISIEUX R[1]........	
Manche............	Saint-Lô...........	Auber.
Orne	Alençon...........	
9e		
Côtes-du-Nord.......	Saint-Brieuc	
Ille-et-Vilaine	RENNES R.........	
Mayenne	Laval............	
Sarthe............	Le Mans	
Maine-et-Loire.......	Angers	Dechaille.
Loire-Inférieure	Nantes...........	
Morbihan	Vannes.	
Finistère...........	Quimper...........	
10e		
Vendée.	La Roche-sur-Yon...	
Indre-et-Loire.......	Tours	
Vienne	Poitiers...........	
Creuse............	Guéret............	
Vienne (Haute-)	LIMOGES R........	Blaize.
Charente...........	Angoulême	
Charente-Inférieure..	La Rochelle........	
Sèvres (Deux-)	Niort.............	
11e		
Corrèze	Tulle............	
Dordogne..........	Périgueux	
Lot-et-Garonne......	Agen.............	
Gironde	BORDEAUX R......	
Landes	Mont-de-Marsan.....	Jacquemart.
Gers	Auch.............	
Pyrénées (Basses-)...	Pau.............	
Pyrénées (Hautes-)...	Tarbes	
Lot..............	Cahors	
Tarn-et-Garonne. ...	Montauban........	

1. Une résolution du 9 juin 1876 a substitué la résidence de Lisieux à celle de Caen.

CIRCONSCRIPTIONS.	CHEFS-LIEUX. (La résidence de l'Inspecteur est indiquée par la lettre *R*)	NOMS des inspecteurs.
12e		MM.
Cantal	Aurillac	
Aveyron	Rodez.	
Tarn	Albi	
Garonne (Haute-)....	TOULOUSE *R*	Delaissement.
Ariége.............	Foix	
Aude.	Carcassonne	
Pyrénées-Orientales..	Perpignan..........	
13e		
Ardèche	Privas.............	
Lozère.............	Mende.....	Estelle.
Gard	NIMES *R*.	
Hérault............	Montpellier	
14e		
Drôme.............	Valence...........	
Alpes (Hautes-)......	Gap	
Alpes (Basses-)......	Digne	
Alpes-Maritimes	Nice.............	Linarès.
Vaucluse...........	Avignon.	
Bouches-du-Rhône...	MARSEILLE *R*[1]......	
Var.	Draguignan........	
Corse.............	Ajaccio	
15e		
Rhône.............	LYON *R*...........	
Loire	Saint-Etienne	
Puy-de-Dôme	Clermont-Ferrand ...	
Loire (Haute-)......	Le Puy............	Gauthier.
Isère	Grenoble	
Savoie.............	Chambéry	
Savoie (Haute-).....	Annecy............	

1. Une résolution du 9 juin 1876 a substitué la résidence de Marseille à celle d'Avignon.

COMMISSION SUPÉRIEURE.

PERSONNEL.

Par un décret du 9 juin 1874 (art. 1er), inséré à l'*Officiel* le 11 du même mois, ont été nommés membres de la Commission supérieure :

MM. Dumas, membre de l'Institut, président de la Société de secours des amis des sciences, président de la Société de protection des apprentis et des enfants employés dans l'industrie ;

Comte de Melun, député à l'Assemblée nationale (Nord) ;

Joubert, député à l'Assemblée nationale (Maine-et-Loire) ;

Eugène Tallon, député à l'Assemblée nationale (Puy-de-Dôme) ;

Deseilligny, député à l'Assemblée nationale (Aveyron) ;

Gouin, président de la Chambre de commerce de Paris ;

Ozenne, secrétaire général du ministère de l'agriculture et du commerce ;

L'abbé de Broglie, aumônier de l'école normale primaire d'Auteuil ;

Dumoustier de Frédilly, directeur du commerce intérieur, au ministère du commerce et de l'agriculture.

Le même décret décide (art. 2) qu'un arrêté du ministre de l'agriculture et du commerce nommera le secrétaire de la Commission, et fixera son traitement.

Dans sa séance du 23 juin 1874, la Commission supérieure (art. 23) a désigné M. Dumas pour son président, et pour son vice-président M. le comte de Melun.

Par un arrêté ministériel du 24 mars 1875, M. Depresle a été nommé secrétaire de la Commission.

Par autre arrêté ministériel du 26 mai 1875, M. Grivart, sénateur, a été nommé membre de la Commission supérieure, en remplacement de M. Deseilligny, décédé.

TABLEAU DES COMMISSIONS LOCALES

DANS LES QUINZE CIRCONSCRIPTIONS D'INSPECTION.

1re *circonscription.* — *Seine.*

Le conseil général de la Seine, dans sa séance du 28 novembre 1876, a pris la décision suivante, en exécution de l'article 21 de la loi du 19 mai 1874 :

« Art. 1er. Il y aura vingt-huit commissions locales dans le département de la Seine, chargées de veiller à l'exécution de la loi du 19 mars 1874, sur le travail des enfants et des filles mineures employés dans l'industrie ; chacune de ces commissions sera composée de sept membres ;

« Art. 2. Les circonscriptions de ces vingt-huit commissions sont déterminées comme il suit :

Chacune des vingt commissions qui devront fonctionner dans l'intérieur de Paris, comprendra un arrondissement ;

Chacune des quatre commissions fonctionnant dans l'arrondissement de Saint-Denis, comprendra un canton ;

Chacune des quatre commissions fonctionnant dans l'arrondissement de Sceaux, comprendra un canton. »

TABLEAU

des Commissions locales dans les quinze circonscriptions.

Ire CIRCONSCRIPTION (SEINE).

ARRONDISSEMENTS ET QUARTIERS.	ARRONDISSEMENTS ET QUARTIERS.
Ier Saint-Germain-l'Auxerrois. des Halles. du Palais-Royal. de la place Vendôme.	XIIe du Bel-Air. de Picpus. de Bercy. des Quinze-Vingts.
IIe Gaillon. Vivienne. du Mail. de Bonne-Nouvelle.	XIIIe de la Salpêtrière. de la Gare. de la Maison-Blanche. de Croulebarbe.
IIIe des Arts-et-Métiers. des Enfants-Rouges. des Archives. Sainte-Avoye.	XIVe de Montparnasse. de la Santé. du Petit-Montrouge. de Plaisance.
IVe Saint-Méry. Saint-Gervais. de l'Arsenal. Notre-Dame.	XVe Saint-Lambert. Necker. de Grenelle. de Javel.
Ve Saint-Victor. du Jardin-des-Plantes. du Val-de-Grâce. de la Sorbonne.	XVIe d'Auteuil. de la Muette. de la Porte-Dauphine. des Bassins.
VIe de la Monnaie. de l'Odéon. Notre-Dame-des-Champs. Saint-Germain-des-Prés.	XVIIe des Ternes. de la Plaine-Monceau. des Batignolles. des Epinettes.
VIIe Saint-Thomas-d'Aquin. des Invalides. de l'École-Militaire. du Gros-Caillou.	XVIIIe des Grandes-Carrières. de Clignancourt. de la Goutte-d'Or. de la Chapelle.
VIIIe des Champs-Élysées. du Faubourg-du-Roule. de la Madeleine. de l'Europe.	XIXe de la Villette. du Pont-de-Flandres. d'Amérique. du Combat.
IXe Saint-Georges. de la Chaussée-d'Antin. du Faubourg-Montmartre. de Rochechouart.	XXe de Charonne. Saint-Fargeau. Sainte-Marguerite. de Belleville. du Père-Lachaise.
Xe Saint-Vincent-de-Paul. de la Porte-Saint-Denis. de la Porte-Saint-Martin. de l'Hôpital-Saint-Louis.	ARROND. DE SCEAUX ET DE SAINT-DENIS.
XIe de la Folie-Méricourt. Saint-Ambroise. de la Roquette. Sainte-Marguerite.	Sceaux. Saint-Denis. Charenton. Villejuif. Pantin. Vincennes. Courbevoie. Neuilly.

TABLEAU

des Commissions locales dans les départements.

IIe CIRCONSCRIPTION.	Nombre des membres.	IIe CIRCONSCRIPTION (suite).	Nombre des membres.
Seine-et-Marne : 5 *Commiss.*		**Cher :** 5 *Commissions.*	
Melun	7	Bourges, Changy, Cha-	
Coulommiers	7	Bour- rost, Levet, les Aix-	
Fontainebleau	7	ges. d'Angillon, St-Martin-	
Meaux	7	d'Auxigny	7
Provins	7	Graçay, Lury, Vierzon..	6
		Laguerche, Néronde, San-	
Seine-et-Oise : 11 *Commiss.*		coins	7
		Charenton, Château-Meil-	
Versailles et les commu-	7	St- lant, Châteauneuf, le	
nes rurales des trois	7	Amand Châtelet, Dun-le-Roy,	
cantons N. S. O.		Lignières, St-Amand,	
Sèvres et Palaiseau	5	Saulzais-le-Portier ...	7
Poissy, Meudon, Marly-		Sancerre	7
le-Roy	5		
Argenteuil et St-Germain	5		
Cor- Corbeil, Boissy-St-Léger	5		
beil.. Arpajon, Lonjumeau ...	5	**IIIe CIRCONSCRIPTION.**	
Arrondissement d'Etampes	5		
Arrondissement de Mantes	7	**Indre :** 4 *Commissions.*	
Pontoise, Marines, Mont-			
Pon- morency, l'Isle-Adam.	5	Châteauroux	5
toise. Gonesse, Luzarches,		Issoudun	5
Ecouen	5	La Châtre	5
Arrondissement de Rambouillet..	7	Le Blanc	5
Loiret : 4 *Commis ions.*		**Ain :** 5 *Commissions.*	
Orléans	7	Bourg	5
Pithiviers	7	Belley	5
Montargis	7	Gex	5
Gien	7	Nantua	5
		Trévoux	5
Eure-et-Loire : 5 *Commiss.*			
		Yonne : 5 *Commissions.*	
Chartres	7		
Châteaudun	7	Auxerre	7
Dreux, Annet, Château-		Avallon	5
Dreux. neuf, Nogent-le-Roy..	7	Joigny	5
Brerolles, Senonches, la		Sens	5
Ferté-Vidame	7	Tonnerre	5
Nogent-le-Rotrou	7		
		Côte-d'Or : 4 *Commissions.*	
Loir-et-Cher : 3 *Commiss.*		Dijon	5
Blois	7	Beaune	5
Romorantin	7	Châtillon	5
Vendôme	7	Semur	5

IIIᵉ CIRCONSCRIPTION (suite).	Nombre des membres.
Jura : 6 Commissions.	
Lons-le-Saunier	7
Dôle.. { Dampierre, Gendray....	5
Dôle...........	7
Poligny........................	7
St- { Saint-Claude	7
Claude { Morer-St-Laurent......	5
Saône-et-Loire : 11 Comm.	
Mâcon { Mâcon	5
{ Tournus	5
Autun { Autun, Épinas.........	5
{ Creuzot....	5
Châ- { Châlon-sur-Saône	5
{ Chagny, Ecuisses, St-Lé- ger, d'Heune	5
lon. { Monceau et Montchanin-les-Mines	5
Cha- { Charolles	5
{ Gueugnon-Génélard, Palinges............	5
rolles { St-Igny-de-Roche et St-Maurice-le-Château-neuf.............	5
Louhans	5
Nièvre : 4 Commissions.	
Nevers	5
Château-Chinon	5
Clamecy	5
Cosne	5
Allier : 4 Commissions.	
Moulins.....................	5
Gannat	5
Lapalisse	5
Montluçon	5
IVᵉ CIRCONSCRIPTION.	
Meurthe-et-Moselle : 6 Commissions.	
Nancy { Haroni, Verchise, Saint-Nicolas, Nancy-Est...	5
{ Nomery, Pont-à-Mousson, Nancy-Nord et Ouest.............	5

IVᵉ CIRCONSCRIPTION (suite).	Nombre des membres.
Meurthe-et-Moselle (suite).	
Briey { Audun-le-Roman. Briey, Chamblay, Conflans	5
{ Longuyon, Longwy	5
Lunéville	5
Toul.......................	5
Vosges : 7 Commissions.	
Épinal.....................	7
Mirecourt	5
Neufchâteau.................	5
Remiremont.................	7
St-Dié { Saint-Dié, Provenchères. Fraize	5
{ Senones, Raon-l'Étape..	5
{ Corcieux et Gérardmer..	5
Haute-Saône : 8 Commiss.	
Vesoul { Amance, Jussey, Combecurfontaine, Port-sur-Saône, Vitrey........	7
{ Montbozon, Noroy, Rioz, Srey-sur-Saône et Vesoul	7
Gray........................	7
Lure.. { Héricourt	7
{ Champagney, Fresse, Belfaly, Miellire......	7
{ Lure, Saulxe, Villersexel, Melisey (moins la commune de Miellire)....	7
{ Luxeuil, Foncognay....	7
{ St-Loup, Vauvilliers...	7
Haute-Marne : 3 Commiss.	
Chaumont	5
Langres	5
Vassy	7
Doubs : 9 Commissions.	
Besançon.. { Besançon N. et S......	7
{ Quingey, Boussières....	7
{ Ornans,...........	6
Baume. { Baume, Roulans	5
{ L'Ile et Clerval...	5
Montbéliard { Montbéliard	6
{ Audincourt, Blamont...	5
{ Pont-de-Royde, St-Hippolyte, Maiche, Jussey.	7

	Nombre des membres.
IVᵉ CIRCONSCRIPTION (*suite*).	
Doubs (*suite*).	
Pontarlier......................	5
Belfort : 3 *Commissions*.	
Belfort, Giromagny, Fontaine, Rougemont, Massevaux	7
Delle	7
Vᵉ CIRCONSCRIPTION.	
Aisne : 10 *Commissions*.	
Laon { Laon, Craonne, Rozoy, Sisson, Neufchâtel ...	7
Marle, Crécy-sur-Serre, la Fère	7
Anizy-le-Château, Coucy, Chaussy	6
St-Quentin { St-Quentin, Neuville, St-Amand, Gauchy, Dallon	5
Ribémont, Saint-Simon, Vermand, Moy.........	5
Bohain, le Catelet	5
Vervins. { Vervins, Hirson, Saine, Aubenton, la Capelle.	7
Guise, Wasigny, du Nouvion	5
Soissons......................	7
Château-Thierry	6
Ardennes : 10 *Commissions*.	
Châlons. { Mézières, Charleville ...	5
Le surplus de l'arrond..	7
Rethel { Rethel	5
Le surplus de l'arrond..	5
Rocroy { Rocroy...............	5
Le surplus de l'arrond..	7
Sedan. { Sedan	7
Le surplus de l'arrond..	7
Vouziers. { Vouziers	6
Le surplus de l'arrond..	6
Marne : 8 *Commissions*.	
Châlons. { Châlons...............	7
Suippe	7
Épernay. { Épernay...............	7
Sézanne	7

	Nombre des membres.
Vᵉ CIRCONSCRIPTION (*suite*).	
Marne (*suite*).	
Reims. { Reims, Verzy, Fismes..	7
Le reste de l'arrond....	7
Ste-Ménehould..............	5
Vitry-le-François	5
Meuse : 5 *Commissions*.	
Bar-le-Duc { Ancerville, Bar-le-Duc, Révigny, Triancourt, Vaubecourt, Vavincourt	7
Ligny, Moutiers-sur-Sceaux..............	7
Commercy..............	7
Montmédy	7
Verdun	7
Aube : 5 *Commissions*.	
Troyes	7
Arcis-sur-Aube................	5
Bar-sur-Aube	5
Bar-sur-Seine	5
Nogent-sur-Seine.............	5
VIᵉ CIRCONSCRIPTION.	
Pas-de-Calais : 8 *Commiss.*	
Arras.....................	7
Béthune, 1ʳᵉ commission........	7
— 2ᵉ —	7
Boulogne, 1ʳᵉ commission	7
— 2ᵉ —	7
Montreuil......................	7
Saint-Omer	7
Saint-Pol	7
Nord : 9 *Commissions*.	
Lille. { Cinq cantons de la ville.	7
Cantons de Tourcoing, Roubaix, Lanney	7
Cantons d'Armentins, Eysning, Hautbourdin, Lapassée, Pont-à-Marcey, Quesnoy-sur-Deule, Seclin............	7
Avesnes......................	7
Cambrai	7

VIe CIRCONSCRIPTION (*suite*).	Nombre des membres.
Nord (*suite*).	
Douai............................	7
Dunkerque	7
Hazebrouck	7
Valenciennes.....................	7

VIIe CIRCONSCRIPTION.

Seine-Inférieure : 9 *Comm.*

Rouen	Rouen, rive droite, Darnetal, Boos..........	5
	Maromme, Pavilly, Duclair, Clères..........	5
	Elbeuf.	5
	Rouen, rive gauche, Grand-Couronne	5
Dieppe...........................	5
Le Havre.	Bolbec, Lillebonne, Fécamp	5
	Le reste de l'arrond....	5
Neufchâtel	5
Yvetot...........................	5

Somme : 5 *Commissions.*

Amiens..........................	7
Abbeville	7
Doullens	7
Montdidier.......................	7
Péronne	7

Oise : 5 *Commissions.*

Beauvais.........................		7
Clermont.........................		7
Compiègne.		5
Senlis.	Creil, Neuilly-en-Thelle. Betz, Crépy, Nanteuil, Pont-St-Maxence, Senlis.	7
		5

VIIIe CIRCONSCRIPTION.

Eure : 5 *Commissions*

Évreux	7
Les Andelys	7
Bernay...........................	7

VIIIe CIRCONSCRIPTION (*suite*).	Nombre des membres.
Eure (*suite*).	
Louviers.........................	7
Pont-Audemer	7

Calvados : 11 *Commissions.*

Caen		6
Bayeux	Bayeux et communes suburbaines	5
	Les autres communes de l'arrondissement	5
Falaise	Falaise N. et S., Marteaux-Coulibeuf	5
	Bretteville - sur - Laire, Harcourt.	6
Lizieux	Les deux cantons de Lizieux	5
	Livarot, Meziron, Orbec, St-Pierre-sur-Dives..	5
Pont-l'Évêq.	La ville de Pont-l'Evêque	5
	Le reste de l'arrond....	5
Vire..	Vire, Beny-Bocage, St-Sever.	7
	Condé-sur-Noireau, Aunay, Vassy..........	5

Manche : 6 *Commissions.*

Saint-Lô.........................	7
Avranches	7
Cherbourg	7
Coutances........................	7
Mortain..........................	7
Valognes.........................	5

Orne : 8 *Commissions.*

Alençon..........................		5
Argentan		5
Domfront.	La Ferté-Marie, Juvigny-sous-Andaines, Athis, Flers	5
Mortagne.	Messeix, Domfront, Passay, Pinchebray	5
	Laigle, Moulins-la-Marche, Bazoche-s.-Hoine.	5
	Longwy, Tourouvre, Ramalard	5
	Mortagne, Bellime, Nocé, Pervenchères, le Theil.	5

IXᵉ CIRCONSCRIPTION. **Côtes-du-Nord** : 5 *Commiss.*	Nombre des membres.
Saint-Brieuc	6
Dinan	5
Guinguamp	5
Lannion	5
Loudéac	7

Ille-et-Vilaine : 6 *Commiss.*	
Rennes	5
Fougères	5
Montfort	5
Redon	5
Saint-Malo	5
Vitré	5

Mayenne : 3 *Commissions.*	
Laval	7
Château-Gonthier	7
Mayenne	7

Sarthe : 5 *Commissions.*	
Le Mans	7
La Flèche { Brulon, la Flèche, du Lude, Malicorne, Mayet, Pontvallain	7
Sablé	7
Mamers	5
Saint-Calais	7

Maine-et-Loire : 5 *Comm.*	
Angers	5
Beaugel	5
Cholet	5
Saumur	5
Segré	5

Loire-Inférieure : 6 *Comm.*	
Nantes { La ville de Nantes	7
L'arrondissement	7
Ancenis	5
Châteaubriant	7
Paimbeuf	5
Saint-Nazaire	7

Morbihan : 5 *Commissions.*	
Vannes	6

IXᵉ CIRCONSCRIPTION (*suite*). **Morbihan** (*suite*).	Nombre des membres.
Lorient { L'arrondissement, moins Belle-Isle	6
Belle-Isle	5
Ploërmel	6
Pontivy	6

Finistère : 5 *Commissions.*	
Quimper	7
Brest	7
Châteaulin	7
Morlaix	7
Quimperlé	7

Xᵉ CIRCONSCRIPTION.

Vendée : 6 *Commissions.*	
la Roche sur-Yon { Cugand	5
Mortagne	6
Fontenay	6
Sables-d'Olon. { Sables-d'Olonne	5
Croix-de-Vie	5
Ile d'Yeu	5

Indre-et-Loire : 3 *Commiss.*	
Tours	7
Chinon	5
Loches	5

Vienne : 5 *Commissions.*	
Poitiers	7
Châtellerault	7
Civray	5
Loudun	5
Montmorillon	5

Creuse : 6 *Commissions.*	
Guéret	5
Au-busson { Aubusson	5
Felletin	5
Lavaveix-les-Mines	5
Bourganeuf	5
Boussac	5

Xᵉ CIRCONSCRIPTION (suite).	Nombre des membres.
Haute-Vienne : 5 *Commiss.*	
Li-moges { L'arrondissement, moins les cantons de Saint-Léonard, Eymoutiers, Châteauneuf.	5
Les trois cantons ci-de-sus...............	5
Bellac........................	5
Rochechouart.................	5
Saint-Yrieix................	5
Charente : 6 *Commissions.*	
Angou-lème. { Angoulème, 2 cantons..	7
Les autres cantons de l'arrondissement.....	5
Barbezieux....................	
Cognac.......................	
Confolens	
Ruffec	
Charente-Infér. : 6 *Comm.*	
La Rochelle	5
Janzac.......................	5
Marennes	5
Rochefort	5
Saintes	5
Saint-Jean-d'Angély..........	5
Deux-Sèvres : 5 *Commiss.*	
Niort. { Niort, Coulonge, Fontenay, Mouzé, Beauvoir, St-Maixent, Champdenier.............	7
Prahecq..............	5
Bressuire....................	5
Melle........................	5
Parthenay....................	5

XIᵉ CIRCONSCRIPTION.

Corrèze : 3 *Commissions.*

	Nombre des membres.
Tulle	7
Brives	7
Ussel........................	7

Dordogne : 5 *Commissions.*

	Nombre des membres.
Périgueux....................	5

XIᵉ CIRCONSCRIPTION (suite).	Nombre des membres.
Dordogne (suite).	
Bergerac......................	5
Nontron......................	5
Ribérac......................	5
Sarlat.......................	5
Lot-et-Garonne : 5 *Commissions.*	
Agen.........................	7
Mar-mande { Tout, moins Tonneins..	5
Tonneins.............	5
Nérac	5
Villeneuve-sur-Lot...........	5
Gironde : 9 *Commissions.*	
Bor-deaux { Bordeaux, ville........	7
Audenge, Blanquefort, Belin, Castelnau, la Bride, la Teste ...... St-André-de-Cubrac, Cadillac, Carbon-Blanc, Créon, Pordensac et Pessac............	5
Bazas	5
Blaye.......................	5
Lesparre....................	5
Li-bourne { Libourne.........	5
Brannes, Coutras, Saint-Foy, Fronsac, Guitres, Pujols, Lussac.......	
La Réole....................	5
Landes : 3 *Commissions.*	
Mont-de-Marsan	5
Dax.........................	5
Saint-Sever.................	5
Gers : 5 *Commissions.*	
Auch........................	5
Condom......................	5
Lectoure....................	5
Lombez......................	5
Mirande	5
Lot : 3 *Commissions.*	
Cahors	5
Figeac......................	5
Gourdon	5

XI° CIRCONSCRIPTION (suite).	Nombre des membres.
Tarn-et-Garonne : 3 *Comm.*	
Montauban......................	5
Castel-Sarrazin................	5
Moissac........................	5
Hautes-Pyrénées : 3 *Comm.*	
Tarbes.........................	
Argelès........................	
Bagnères.......................	
Basses-Pyrénées : 8 *Comm.*	
Pau ... { Pau, Garlin, Lambeye, Thèze, Lescare, Montaner, Morlaas....... Ney, Bourdette, Clarac, Igon, Coaraye, Montaut, Arther-d'Asson, Bruges.............	7
Bayonne { La Bastide, Clairenne, Hasparren, Bidache... Bayonne, St-Jean-de-Luz, Ustarits, d'Espeleta.............	5 5 5
Mau-léon. { Tardets, Mauléon, Saint-Palais .... Uholdy, St-Jean-Pied-de-Port, St-Etienne-de-Baïgorry.......	5 5
Oloron........................	5
Orthez........................	5

XII° CRICONSCRIPTION.

Cantal : 4 *Commissions.*

	Nombre des membres.
Aurillac.......................	5
Mauriac........................	5
Murat..........................	5
Saint-Flour	5

Aveyron : 6 *Commissions.*

	Nombre des membres.
Rodez	
Espalion.......................	
Milhau.........................	
Saint-Affrique.................	
Ville franche { Moins le canton d'Aubin............. Aubin	5 5

XII° CIRCONSCRIPTION (suite).	Nombre des membres.
Tarn : 5 *Commissions.*	
Alby..........................	7
Castres { Castres, Viclonur, Dourgne, Lautrec, Vabre, Requecourbe, Montredon............. Mazamet, Murat, Lacaune, Brassac, Anglès, St-Amand, Labruguière..........	7 7
Gaillac.......................	7
Lavaur........................	7
Ariége : 7 *Commissions.*	
Foix.. { Foix, la Bastide, Cabannes, Ax, Quérigut.... Lavelanet............ Tarascon............ Videssas............	5 5 5 5
Pa-miers. { Pamiers, Mardaril, Fossat, Faverdun, Varilles Mirepoix...........	5 5
Saint-Girons..................	5
Haute-Garonne : 3 *Commiss.*	
Toulouse......................	7
Muret	5
Saint-Gaudens	5
Aude : 9 *Commissions.*	
Carcas-sonne. { Carcassone........... Mas-Cabardès......... Montalieu............ Saissat.............	7 7 7 7
Castelnaudary	7
Li-moux. { Limoux............. Chalabre............ Quillan	7 7 7
Narbonne	7
Pyrénées-Orientales : 3 *Commissions.*	
Perpignan.....................	7
Céret.........................	7
Prades........................	7

XIIIᵉ CIRCONSCRIPTION. **Ardèche :** 6 *Commissions.*	Nombre des membres.
Privas { Privas, Chomérac, La-voulte, St-Pierreville, Rochemaure, Bourg-St-Andéol...........	7
Aubenas, Antraigues, Villeneuve-de-Berg...	7
Largen-tière. { Largentière, Joyeuse, Vallon, Valgorge, les Vans..............	7
Burret, Montpezat, Thueyts, St-Etienne-de-Lugdaris, Concou-ron...............	7
Tour-non. { Tournon, Lamatre, St-Perray, Vernoux, St-Agrive, St-Martin-de-Valamas, du Cheylard.	7
Annonay, Satilius, Fer-rières, St-Félicien....	7

Lozère : 3 *Commissions.*

Mende.................	5
Florac.................	5
Marvejols..............	5

Gard : 7 *Commissions.*

Nimes.................	5
Alais. { Alais, E. et O., Anduze, Lédignan, Vezenobres, Grand'Combe, Genolhac, Bességes, St-Am-broix, Barjac.........	5
Uzès.. { Uzès, de St-Chaptes, Re-moulins, Lussan.....	5
Bagnols, Pont-St-Esprit, Roquemaure, Ville-neuve............	5
Le Vigan. { Le Vigan, Alzon, Trèves, Vallezangue.........	5
Lassalle, Sauve, Quissac, Sumène, St-Hippolyte-du-Fort, St-André-de-Valborgne..........	5

Hérault : 4 *Commissions.*

Montpellier.............	7
Béziers................	7
Lodève................	7
Saint-Pont.............	7

XIVᵉ CIRCONSCRIPTION. **Drôme :** 8 *Commissions.*	Nombre des membres.
Va-lence. { Valence, Loriol, Châ-teuil, Tain, St-Vallier, Romans, Bourg-du-Péage, St-Donat, St-Jean-en-Royans, la Grand'-Serre.............	7
	7
Die... { Die, la Chapelle-en-Ver-cors, Châtillon, Luc, Lamotte, Chalancon.	5
Crest (N. et S.), Bour-deaux, Saillants......	5
Monté-limart. { Montélimart, Marsanne, Pierrelatte, St-Paul-Trois-Châteaux, Gri-gnan..............	6
Dieulefit.............	5
Nyons { Nyons, Rémuzat......	5
Buis, Sederon........	5

Basses-Alpes : 5 *Commiss.*

Digne.................	6
Barcelonnette	5
Castellane...........	5
Forcalquier	6
Sisteron...............	6

Hautes-Alpes : 3 *Commiss.*

Gap	5
Briançon.............	5
Embrun..............	5

Alpes-Maritimes : 3 *Comm.*

Nice.................	7
Grasse...............	7
Puget-Théniers.	5

Vaucluse : 4 *Commissions.*

Avignon..............	5
Apt..................	5
Carpentras	5
Orange...............	5

Bouches-du-Rhône :
3 *Commissions.*

Marseille	7
Aix..................	7
Arles................	7

XIVᵉ CIRCONSCRIPTION (suite).	Nombre des membres.
Var : 3 *Commissions.*	
Draguignan	5
Brignoles......................	5
Toulon........................	5
Corse : 5 *Commissions.*	
Ajaccio	7
Bastia	7
Calvi	6
Corté	7
Sartène	6

XVᵉ CIRCONSCRIPTION.

Rhône : 14 *Commissions.*

	Nombre des membres.
Lyon, 1ʳᵉ commission urbaine (N. E.). Toute la partie entre le Rhône, le cours Lafayette, le chemin d'intérêt commun n° 5 jusqu'à Cusset, Vaulx-en-Velin	5
2ᵉ commission urbaine (S. E.). Depuis le cours Lafayette et le Rhône jusqu'au département de l'Isère à l'E. et au S. E......	7
3ᵉ commission urbaine (N.). La partie de la ville entre le Rhône et la Saône, de la place des Terreaux, les rues d'Algérie et Puits-Gaillot, jusques et y compris la commune de Caluire et Cuire	7
4ᵉ commission urbaine. La presqu'ile entre les Terreaux, le Rhône, la Saône	5
5ᵉ commission urbaine (N. O.). Le 5ᵉ canton de Lyon, la commune d'Ecully..................	5
6ᵉ commission urbaine (S. O.). 6ᵉ canton de Lyon, la commune de St-Foy-les-Lyon	5
1ʳᵉ commission rurale. L'Arbresle-St-Laurent, de Chamouzet, St-Symphorien-sur-Coisne.	5
2ᵉ commission rurale. Condrieux, Givors, St-Genis-Laval......	7
3ᵉ commission rurale. Mornant, Vaugnereau	5

XVᵉ CIRCONSCRIPTION (suite).	Nombre des membres.
Rhône (suite).	
4ᵉ commission rurale. Tarare....	7
5ᵉ commission rurale. Anse, Bois-d'Oingt, Villefranche	7
6ᵉ commission rurale. Amplepluis, Monsols, Thizy........	7
7ᵉ commission rurale. Beaujeu, Belleville, Lamure...........	5
8ᵉ commission rurale. Limonest, Neuville	5
Puy-de-Dôme : 5 *Commiss.*	
Clermont......................	7
Ambert	7
Issoire.......................	7
Riom.........................	7
Thiers	7
Haute-Loire : 3 *Commiss.*	
Le Puy	5
Brioude.......................	7
Yssingeaux...................	7

Loire : 10 *Commissions.*

		Nombre des membres.
St-Étienne	Saint-Étienne (N. E., S. E.)	5
	Saint-Étienne (N. O., S. O.)............	5
	Rive-de-Gier, Pelussin..	5
	Bourg-Argental et Saint-Genès-Malifaux	5
	Chambon................	5
Montbrison		5
Roanne	Roanne et banlieue......	5
	Charlieu, Belmont	5
	St-Symphorien et Perreux	5

Isère : 6 *Commissions.*

		Nombre des membres.
Grenoble.	Grenoble, Touvet, Gonselin, Dominé, Allevard, Sasseuage, Villards-du-Lans ...... Vizille, la Mure, Corps-Mens, Vabonnais, Bourg-d'Oisan, Clelles, Monestier-de-Clermont, Vif,..........	5

XVᵉ CIRCONSCRIPTION (suite).	Nombre des membres.	XVᵉ CIRCONSCRIPTION (suite).	Nombre des membres.
Isère (suite).		**Savoie : 4** *Commissions.*	
Vienne { Vienne, Heyrieu, Meyrieu, St-Symphorien-d'Ozon, St-Jean-de-Bournay, Roussillon..	5	Chambéry.....................	5
		Albertville..................	5
		Moutiers.....................	5
		St-Jean-de-Maurienne	5
La Tour-du-Pin. { La Tour-du-Pin. Bourgoin, la Verpillière. Pont-de-Beauvoisin, Cremins, Saint-Geoin, Moustel.......... ...	5	**Haute-Savoie : 8** *Commiss.*	
		Annecy { Annecy, moins Faverges et Thones	7
			Faverges.............	5
			Thones.	5
		Bonneville. { L'arrondissement, moins Sallanches et Cluses..	7
{ Voizon, Grand-Lemps, Virieu, St-Laurent-du-Pont, St-Étienne-de-Geoin, Heaurepaire, Côte-St-André, Rives.	5		Sallanches...........	5
			Cluses	5
St-Marcellin. { Saint-Marcellin, Pont en-Royans, Vinay, Roybon, Tullins..........	5	Saint-Julien	5
		Thonon	5

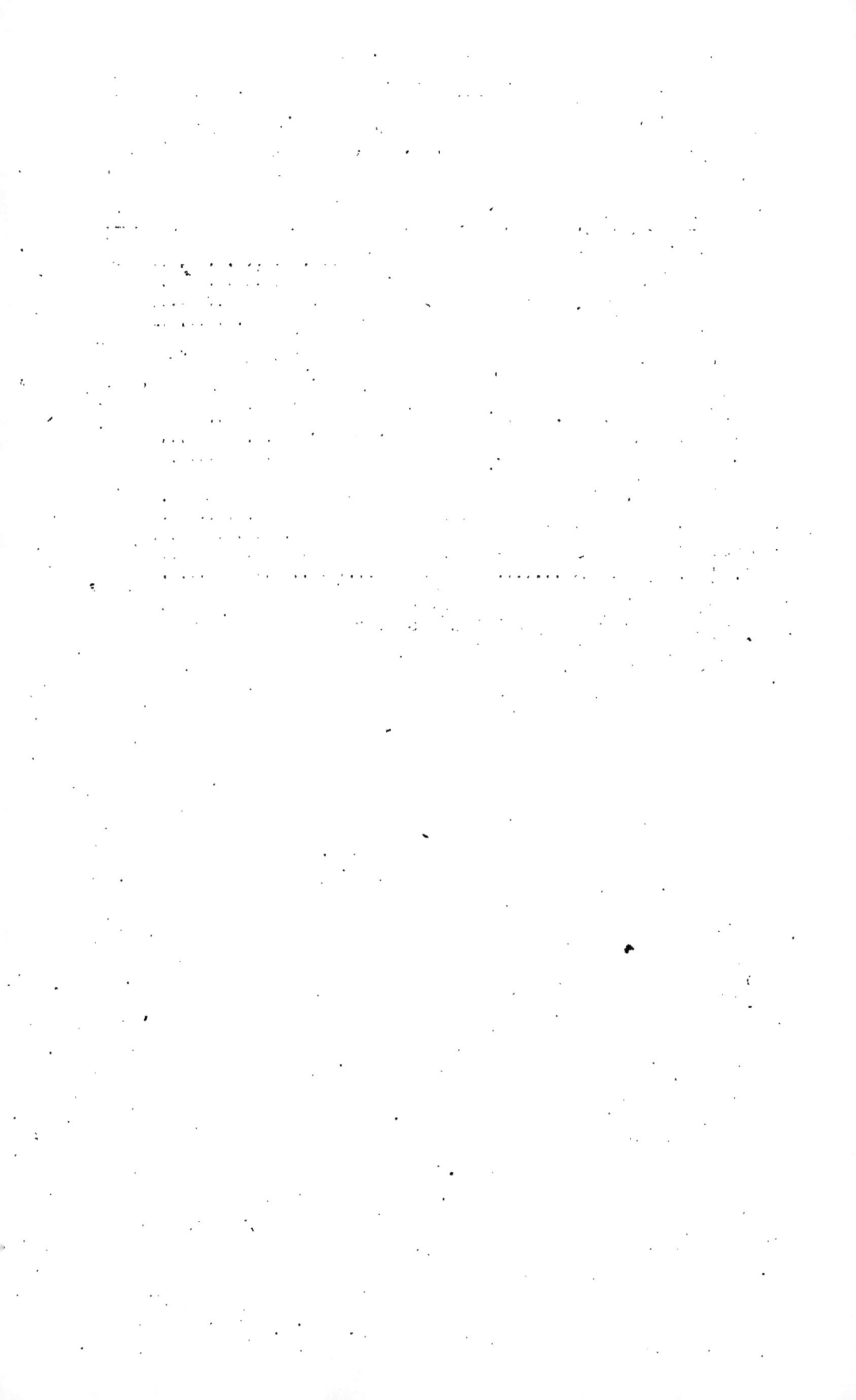

TABLE DES CHAPITRES

TABLE ALPHABÉTIQUE DES MATIÈRES

A

Typographie Lahure, rue de Fleurus, 9, à Paris

PRINCIPALES PUBLICATIONS

DE

LA LIBRAIRIE DUNOD

PREMIÈRE SECTION. — PÉRIODIQUES.

Annales des ponts et chaussées; mémoires et documents relatifs à l'art des constructions et au service de l'ingénieur; lois, décrets, arrêtés concernant l'administration des ponts et chaussées; publiées sous l'autorisation du ministre des travaux publics et rédigées par les ingénieurs des ponts et chaussées.

La publication des ANNALES a lieu tous les mois, par livraison de 10 à 12 feuilles in-8, accompagnées de planches, format demi-jésus, gravées avec soin. Les douze cahiers de chaque année forment 3 vol., savoir 2 vol. de *mémoires et documents*, et 1 vol. de *lois, décrets* et *personnel* en 1 ou 2 fascicules.

Les 40 années publiées de 1831 à 1870 inclus forment les *première, deuxième, troisième et quatrième séries*, ensemble 124 forts vol. in-8, avec planches, y compris 1 vol. de tables pour chaque série.

La TABLE des matières de la 1re série, 1831 à 1840, 1 vol. in-8 (*aux souscripteurs*). . . . . 5 fr.
La *id.* *id.* de la 2e *série*, 1841 à 1850, 1 vol. in-8. 7 fr.
La *id.* *id.* de la 3e *série*, 1851 à 1860. . . . . . . 9 fr.
La *id.* *id.* de la 4e *série*, 1r période quinquennale, 1861 à 1865. . . . . 7 fr.
La *id.* *id.* de la 4e *série*, 2e période quinquennale, 1866 à 1870. . . . . 8 fr.

La *cinquième série* des ANNALES commence avec l'année 1871.

Prix de l'abonnement annuel, et de chaque année écoulée (depuis 1841), que l'on peut se procurer séparément :

Pour Paris . . . . 20 fr.
— les départements. . . . . 24 fr.
— l'étranger. . . . . 28 fr.

Annales des mines; mémoires sur l'exploitation des mines et sur les sciences et les arts qui s'y rapportent; lois, décrets, arrêtés concernant l'administration des mines; publiées sous l'autorisation du ministre des travaux publics et rédigées par les ingénieurs des mines.

Les *première, deuxième, troisième, quatrième et cinquième* séries, années 1816 à 1861, 126 vol. in-8 (avec planches), y compris 4 volumes de tables des matières. (Très-rare.)

La TABLE des matières des 2 1res séries, *séparément*. . . . . . . 9 fr.
La *id.* *id.* de la 3e série, 1832 à 1841, 1 vol. *séparém.* 9 fr.
La *id.* *id.* de la 4e série, 1842 à 1851, *id.* 9 fr.
La *id.* *id.* de la 5e série, 1852 à 1861, *id.* 9 fr.
La *ia.* *id.* de la 6e série, 1862 à 1871, *id.* 9 fr.

Les *Annales des mines* sont la continuation du recueil périodique qui, sous le nom de *Journal des mines*, a été publié sans interruption depuis 1795 jusqu'en 1815, sous les auspices de l'administration des mines de France; la collection complète de ce journal forme 40 vol., y compris les deux volumes des tables analytiques des matières parues en 1813 et 1821. (V. *Journal des mines*.)

Depuis 1832, les *Annales des mines* paraissent régulièrement tous les deux mois par livraison; les six livraisons de l'année réunies forment 3 vol. in-8, avec environ 25 planches.

Les années de 1832 à 1862, qui sont épuisées, se trouvent difficilement.

Prix de l'abonnement annuel et de chaque année écoulée depuis 1862 que l'on peut se procurer séparément :

Pour Paris. . . . . 20 fr.
— les départements. . . . 24 fr.
— l'étranger. . . . . 28 fr.

Bulletin de la société de l'industrie minérale de Saint-Étienne.
Depuis le 1er juillet 1855, il forme chaque année 1 fort vol. de texte avec un atlas; la 1re série comprend juillet 1855 à juillet 1870, 15 années ou tomes. Les tomes V à XI sont très-rares. La 1re série finit à juin 1870 et la 2e commence en janvier 1872.

L'abonnement annuel paraît en 4 livraisons formées d'un fascicule de texte et d'un fascicule de planches.

Prix de chaque tome ou année. . . 25 fr.

Annales télégraphiques, publiées sous l'autorisation du directeur général des lignes télégraphiques et rédigées par les employés de l'administration sous la direction d'un comité composé de MM. BLAVIER, DEMEAUX, BONTEMPS, RAYNAUD, secrétaire.

1re série, juillet 1858 à fin 1865. — 8 vol. . . . 113 fr.
2e série, juillet à décembre 1876. . . . . 30 50

L'abonnement annuel ou le volume complet d'une année pour 1875 et années suivantes :

France et colonies. . . . . . 12 fr.
Étranger. . . . . 15 fr.
ou selon les tarifs postaux.

PUBLICATIONS DE M. C. A. OPPERMANN.

Nouvelles Annales de la construction, publication rapide et économique des documents les plus récents et les plus intéressants relatifs à la construction française et étrangère, destinée aux ingénieurs, architectes, conducteurs, agents voyers, élèves des écoles, entrepreneurs et ouvriers.

50 à 60 planches grand format et 12 livraisons de texte par année. Collection de 21 volumes cartonnés : de 1855 à 1875 Prix : 350 fr. Prix de l'abonnement annuel : 15 fr. pour Paris. — 18 fr. pour les départements. — 20 fr. pour l'étranger ou selon les tarifs postaux.

La table, classée par séries, des planches de cette publication, est envoyée gratuitement, sur demande affranchie.

Portefeuille économique des machines, de l'outillage et du matériel, relatifs à la construction, aux chemins de fer, aux routes, à la navigation, aux mines, aux télégraphes, à l'industrie en général, destiné aux ingénieurs, mécaniciens, constructeurs de machines, contre-maîtres, chefs d'atelier, entrepreneurs et ouvriers.

50 à 60 planches grand format et 12 livraisons de texte.

Collection de 20 volumes cartonnés de 1856 à 1875 Prix : 325 fr. Prix de l'abonnement : 15 fr. par an à Paris.—18 fr. pour les départements. — 20 fr. pour l'étranger ou selon les tarifs postaux.

La table, classée par séries, des planches de cette publication, est envoyée gratuitement sur demande affranchie.

Album pratique de l'art industriel et des beaux-arts, recueil d'ornements et d'accessoires décoratifs modernes avec prix de revient par pièce, par mètre carré et par mètre courant, à l'usage des ingénieurs, architectes, ébénistes, mosaïstes, serruriers d'art, zingueurs, sculpteurs, marbriers, plâtriers, potiers, miroitiers, peintres, décorateurs, doreurs, photographes et dessinateurs industriels.

Collection terminée, comprenant les dix années 1857 à 1866, reliée en 2 forts vol. in-folio, l'un de texte, l'autre de planches,
Prise à Paris. . . . . 150 fr.

Revue de géologie, publiée pour les années 1860 à 1864, par M. DE-LESSE, ingénieur en chef des mines, professeur de géologie à l'Ecole normale, membre des sociétés géologiques de Paris, de Londres, de Dublin, de Cornouailles, de l'Académie de Turin, de la société philomatique, du comité des sociétés savantes, etc., et M. LAUGEL, ancien ingénieur des mines, membre du conseil de la société géologique de Londres, et pour les années 1865 à 1871 par M. DELESSE et M. de LAPPARENT, ingénieur des mines, secrétaire de la société géologique de France.
8 vol. in-8. Prix. . . . . 40 fr.

Annales (Nouvelles) de mathématiques, journal des candidats aux Ecoles polytechnique et normale, rédigé par M. TERQUEM, officier de l'Université, et M. GERONO, professeur de mathématiques. Prix des 7 premiers volumes ensemble. . . . . 60 fr.

AUCOC (Léon), maître des requêtes, commissaire du gouvernement près le Conseil d'Etat au contentieux. **Conférences sur l'administration et le droit administratif** faites à l'Ecole impériale des ponts et chaussées.

En vente : les tomes I, II et III, vol. in-8. Prix. . . . . . . 29 fr.
Le tome IV est sous presse.

BAZIN, ingénieur des ponts et chaussées, et DARCY, inspecteur général des ponts et chaussées. **Recherches hydrauliques sur l'écoulement des eaux dans les canaux découverts et sur la propagation des ondes.** 2 vol. in-4 avec 33 planches. Prix. . 55 fr.

On vend séparément : 1re partie, in-4 et Atlas de 28 pl. Prix : 45 fr.
2e partie, in-4 et Atlas de 5 pl. Prix : 12 fr. 50.

BELGRAND, membre de l'Institut, inspecteur général des ponts et chaussées, directeur des eaux et égouts de Paris et du service hydrométrique du bassin de la Seine. **Les travaux souterrains de Paris.**

I. Études préliminaires : *Hydrologie de la Seine ; régime de la pluie, des sources, des eaux courantes ; applications à l'agriculture.* Un fort vol. grand in-8 jésus, avec tableaux et vignettes, et un atlas de 73 pl. dont une grande carte en couleur. Prix. . . . . 40 fr.

II. Première partie : *Les Eaux.* Introduction : *Les Aqueducs romains.* Un vol. grand in-8 avec vignettes et planches dans le texte et un atlas contenant : une grande carte de la campagne de Rome, une carte coloriée de l'aqueduc romain de Sens avec profil et 9 gravures ou héliogravures. Prix. . . . . 30 fr.
Sous presse : III. *Historique du service des eaux.*

BÉRAIN Jouanès. dessinateur de Louis XIV. Fac-similé des œuvres. **Compositions diverses d'ornementation.** 70 planches in-plano, relié. Prix. . . . . 50 fr.

BERTHELOT. de l'Institut, professeur au Collège de France. **Traité élémentaire de chimie organique.** Grand in-8, relié. Prix : 15 fr.

BIET, NORMAND père et fils, et BRÈS. **Souvenirs du musée et des monuments français,** collection de 40 dessins perspectifs, représentant les principaux aspects sous lesquels on a pu considérer tous les monuments réunis dans ce musée. 1 beau vol. in-folio de planches gravées, avec texte explicatif et discours préliminaire, imprimé par Jules Didot. Prix. . . . . 30 fr.

BONNIN, ingénieur des ponts et chaussées. **Travaux d'achèvement de la digue de Cherbourg** de 1830 à 1833 ; précédé d'une introduction historique sur les travaux exécutés depuis l'origine jusqu'en 1830, par feu A. E. DE LAMBLARDIE, inspecteur général des ponts et chaussées et des travaux maritimes. 2 vol. in-4, dont un de planches. Paris. Prix. . . . . 20 fr.

BONTEMPS, sous-inspecteur des lignes télégraphiques. **Les Systèmes télégraphiques.** Grand in-8 avec 183 vignettes et 11 planches. Prix. . . . . broc., 8 fr.; rel., 10 fr.

BOUCHET (J.), architecte. **La Villa Pia des jardins du Vatican,** architecture de PIRRO LICORIO ; publiée dans tous ses détails, avec une notice historique sur l'auteur de ce monument, et avec un texte descriptif, par RAOUL-ROCHETTE. antiquaire. 1 vol. in-folio accompagné de 24 planches gravées sur acier par Hibon, et de vignettes dans le texte. Prix de l'ouvrage cartonné élégamment. . . . 35 fr.

BOURGUIGNAT, ancien avocat au Conseil d'État et à la Cour de cassation. **Législation appliquée des établissements industriels,** notamment des usines hydrauliques ou à vapeur, des manufactures, fabriques, ateliers dangereux, incommodes et insalubres, moulins. hauts fourneaux. établissements métallurgiques, mines, minières, carrières, etc. ; **Traité complet,** d'après le dernier état des lois. de la doctrine et de la jurisprudence, des règles à observer pour la création, l'exploitation, la location, la vente, l'abandon ou la suppression des établissements appartenant à l'industrie. 2 vol. in-8. Paris. Prix. . . . . 15 fr.

BOUTAN (A.), professeur de physique au lycée Saint-Louis, et D'ALMEIDA (J. Ch.). professeur de physique au lycée Napoléon. **Cours élémentaire de physique,** précédé de notions de mécanique, suivi de problèmes, avec très-nombreuses figures et un spectre solaire intercalés dans le texte. 4ᵉ édition, revue et augmentée. 2 vol. in-8. Prix. . . . . 18 fr.

BRAME (Éd.), ingénieur en chef des ponts et chaussées. **Étude sur les signaux de chemins de fer à double voie.** Un beau vol. grand in-8 avec atlas de 18 planches. Prix. . . . . 20 fr.

BRUNE (Em.), professeur de construction à l'École des Beaux-Arts. **Cours autographié,** par l'auteur (*sous presse*). Prix. . . . 25 fr.

Bulletin de la Société de l'industrie minérale : 1ʳᵉ section du catalogue, *Périodiques*, page 2.

J. CALLON, inspecteur général des mines. **Cours professés à l'École des mines de Paris.** *Première partie :* COURS DE MACHINES. Tome premier. *Principes généraux, machines hydrauliques et à gaz.* 1 volume grand in-8 avec atlas de 54 planches. Prix. . . . . 25 fr.

Tome deuxième, *Machines à vapeur.* 1 volume grand in-8 et atlas de 40 planches. Prix. . . . . 30 fr.
Les deux tomes pris ensemble. . . . . 50 fr.
Seconde partie, COURS D'EXPLOITATION DES MINES. Deux beaux vol. grand in-8 et atlas de 94 planches. Prix. . . . . 60 fr.

— **Cartes géologiques.** *Carte géologique de France* en 6 feuilles coloriées et collées sur toile. Prix. . . . . 167 fr. 50

— Réduite en 1 feuille imprimée en couleur. Prix. . . . . . . 5 fr.
— Pour l'explication de cette carte, *voir* Dufrénoy.
— *Carte géologique* du Cantal. *Voir* Baudin.
-- du Cher, par Boulanger et Bertera, ingénieurs des mines, 3 planches en couleur avec texte. Prix. . . . . 40 fr.
— de la Haute-Marne. *Voir* Élie de Beaumont.
— du Haut-Rhin. *Voir* Delbos.
— de la Seine. *Voir* Delesse.
— du Var. *Voir* de Villeneuve.

CASTELNAU, professeur de mathématiques au collège Stanislas, membre de l'association philotechnique, directeur d'un cours spécial. **Cours de mathématiques appliquées** à l'usage des candidats aux emplois d'agents secondaires et de conducteurs des ponts et chaussées. 4 vol. grand in-8, en 2 parties. . . . . 13 fr.
LA 1ʳᵉ PARTIE, 2 vol. grand in-8. . . . . 6 fr.
LA 2ᵉ PARTIE, 2 vol. grand in-8. . . . . 8 fr.

CHAMPION. **Les Inondations en France,** depuis le sixième siècle jusqu'à nos jours. 6 vol. in-8. . . . . 45 fr.

CHANCOURTOIS (DE), ingénieur en chef des mines. **Carte géologique du département de la Haute-Marne,** par M. A. Duhamel, ingénieur en chef des mines, publiée par MM. de Chancourtois et Élie de Beaumont, professeur de géologie à l'École des mines. 4 feuilles. . . . . 60 fr.

CHEVREUL, membre de l'Institut. De la **Méthode à posteriori expérimentale** et de la **généralité de ses applications.** 1 fort vol. in-18. . . . . 8 fr.

— **Leçons de chimie** appliquée aux phénomènes de la vie où interviennent des actions moléculaires. (*Sous presse.*)

CLAUDEL (J.), ingénieur civil. AIDE-MÉMOIRE DES INGÉNIEURS, DES ARCHITECTES, ETC. *Partie théorique* ou **Introduction à la science de l'ingénieur.** Sixième édition, entièrement refondue, et augmentée de notions sur le calcul différentiel et intégral. 1 fort vol. in-8 avec nombreuses figures dans le texte. . . . . 17 fr. 50

— *Partie pratique* ou **Formules, Tables et Renseignements usuels.** Huitième édition, revue et augmentée. 2 forts vol. in-8 avec nombreuses figures. . . . . 27 fr. 50

— et L. LAROQUE, constructeur, attaché à la direction des travaux de l'exploitation du ciment Gariel, de Vassy. **Pratique de l'art de construire.** Maçonnerie, terrasse et plâtrerie, connaissances relatives à l'exécution et à l'estimation des travaux de maçonnerie, de terrasse et de plâtrerie et en particulier de ceux du bâtiment. Ouvrage utile aux ingénieurs, architectes, entrepreneurs, conducteurs, métreurs, ouvriers maçons et terrassiers. Quatrième édition, revue et considérablement augmentée. 1 fort vol. in-8, avec un grand nombre de figures intercalées dans le texte. . . . . 10 fr.

DOULIOT (J. P.), anc. prof. d'architect. et de construction à l'École impériale de dessin, de mathémathique, d'architecture, etc., appliqués aux arts industriels. **Traité spécial de la coupe des pierres.** Deuxième édition, revue, corrigée et considérablement augmentée. Les XIX premiers chapitres, par M. F. Jay, architecte en chef de la seconde section de la ville de Paris et des travaux publics, professeur aux Écoles nationales des beaux-arts et de dessin, etc., etc., et les XXIII derniers chapitres, contenant un traité complet des ponts biais, par MM. J. Claudel et L. A. Barré, ingénieurs civils, anciens élèves de l'École centrale des arts et manufactures, professeurs aux Associations philotechnique et polytechnique. . . . . 30 fr.

CLOEZ, répétiteur de chimie à l'École polytechnique. **Cours de manipulations et de préparations chimiques** à l'usage des élèves des Écoles spéciales, des Facultés et des Laboratoires. 1 beau vol. in-8, avec figures.

Cet ouvrage, tout à fait nouveau par le fond et par la forme, était, depuis longtemps, impatiemment attendu ; il paraîtra prochainement.

COLLIGNON (ED.), ingénieur des ponts et chaussées, professeur adjoint de mécanique à l'École des ponts et chaussées et répétiteur à l'École polytechnique. **Les Chemins de fer russes de** 1857 à 1862. Deuxième édition. 1 vol. in-4 cavalier avec un atlas de 51 pl. 45 fr.

— COURS DE MÉCANIQUE appliquée aux constructions. *Première partie.* **Résistance des matériaux.** 1 beau vol. in-8 avec vignettes et planches. 2ᵉ édition très-augmentée. . . . . 12 fr.

— *Deuxième partie.* **Hydraulique.** 1 beau vol. in-8 avec vignettes et planches. . . . . 11 fr.

— COURS D'ANALYSE professé à l'École des ponts et chaussées (Enseignement préparatoire). *Sous presse.*

COMTE. **Système de politique positive,** ou Traité de sociologie instituant la religion de l'humanité. 4 vol. in-8. . . . . 30 fr.

CORDIER, architecte, **Équilibre des charpentes métalliques.** 1 fort vol. grand in-4, sur fort papier, avec très-nombreuses vignettes et tableaux, relié. . . . . 50 fr.

CORIOLIS, membre de l'Institut, ingénieur en chef des ponts et chaussées. **Traité de la mécanique des corps solides et du calcul de l'effet des machines**, ou Considérations sur l'emploi des moteurs, et sur leur évaluation, pour servir d'introduction à l'étude spéciale des machines. Deuxième édition. In-4, avec pl. 15 fr.

— **Théorie mathématique des effets du jeu de billard.** 1 vol. grand in-8, 12 pl. . . . . 6 fr. 50

CORNWALL, professeur assistant du cours de minéralogie à l'École des mines de New-York. **Manuel d'analyse** qualitative et quantitative au chalumeau. Traduit par M. J. Thoulet. 1 fort vol., relié, avec vignettes. . . . . 25 fr.

COUCHE, inspecteur général des mines et du contrôle des chemins de fer de l'Est et de Paris-Lyon-Méditerranée, professeur du cours de construction et de chemins de fer à l'Ecole des mines. **Voie, Matériel roulant et exploitation technique des chemins de fer.** Ouvrage suivi d'un appendice sur les travaux d'art. Tomes premier, deuxième et troisième. 3 grands in-8 et 3 atlas. . . . . 155 fr.

COULON, ancien menuisier, professeur de dessin linéaire et de trait. **Menuiserie descriptive.** Nouveau Vignole des menuisiers ; ouvrage théorique et pratique utile aux ouvriers, maîtres et entrepreneurs, composé des éléments de géométrie descriptive, des règles des cinq ordres d'architecture et l'ordre de Pœstum ; de la menuiserie de clôture, de revêtement et de distribution ; du trait des arêtiers et des escaliers de différents genres ; des ouvrages cintrés en plan et en élévation, persiennes, croisées, portes, chambranles, etc.; des arrière-voussures de différents genres ; archivoltes, calottes, trompe, plafond de voûte ou courbe sur angle ; de la menuiserie des églises, autels, confessionnaux, chaires à prêcher, bancs d'œuvre, stalles, buffets d'orgue. 2 vol. in-4, dont un de 84 planches. . . . . . 20 fr.

— Supplément comprenant la **Menuiserie artistique.** Album de 45 planches. . . . . 15 fr.

CROIZETTE-DESNOYERS (PH.), inspecteur général des ponts et chaussées. **Notice sur les travaux publics en Hollande.** 1 beau vol. grand in-4 avec atlas de 28 grandes planches. . . . . 40 fr.

— Mémoire sur l'**établissement des travaux dans les terrains vaseux de Bretagne.** In-8 et planches. . . . . 5 fr.

DARTEIN (F. de), ingénieur des ponts et chaussées, professeur d'architecture à l'Ecole polytechnique et à l'Ecole des ponts et chaussées. **Étude sur l'architecture lombarde** et sur les origines de l'architecture romano-byzantine. Un fort volume in-4 accompagné d'un Atlas de 100 planches grand in-folio. Publication en 25 livraisons.
Prix de l'ouvrage complet. . . . . 125 fr.
Les quinze premières livraisons sont parues. Prix. . . . . 75 fr.

DEBAUVE (A.), ingénieur des ponts et chaussées. **Manuel de l'Ingénieur des Ponts et Chaussées.**

1er Fascicule. *Algèbre. Descriptive et applications.* In-8 et atlas. 12 50
2e — *Physique et Chimie.* In-8. . . . . 16 »

— 8 —

Les souscripteurs à l'ouvrage complet qui s'engageront à prendre de suite ou dès l'apparition les 20 fascicules dont se compose l'ouvrage, jouiront d'une réduction de 20 p. 100 sur les prix ci-dessus. — Le prix total de l'ouvrage complet sera d'environ 275 francs *seulement pour les souscripteurs.*

Ce prix devant être de 20 p. 100 au-dessous de l'ensemble des prix des fascicules séparés.

DEBRAY, maître de conférences à l'École normale, essayeur de la garantie à la monnaie. **Abrégé de chimie**. Gr. in-18. . . 5 fr.

— **Cours élémentaire de chimie minérale**. 3e édition. 2 vol. in-8. . . . . 24 fr.
Tome 1er seul. . . . . 6 fr.

DES CLOIZEAUX, maître de conférences à l'École normale supérieure. **Manuel de minéralogie**. 2 vol. in-8. Tome I et la 1re partie du tome II. 2 vol. in-8 et atlas. . . . . 30 fr.

DOULIOT (A.), professeur d'architecture et de construction à l'École de dessin de Paris, **Traité spécial de la coupe des pierres**. 2e édition, 1re partie, revue et augmentée par M. JAY, architecte en chef des travaux publics, professeur d'architecture et de construction aux Écoles des beaux-arts et de dessin ; 2e partie, revue, mise au courant et augmentée d'un supplément important sur les ponts biais, par M. J. CLAUDEL, ingénieur civil. 9 vol. in-4, dont un de 120 planches environ. 30 fr.

DUMONT, ingénieur en chef des ponts et chaussées. **Les Eaux de Lyon et de Paris**, détails d'exécution des tracés et projets suivis d'une pratique de distribution d'eau. In-4 et atlas. . . . . . . 25 fr.
— **Les Eaux de Londres et de Nîmes**. In-4 et atlas. . . . 25 fr.

DUPONT, ingénieur en chef des mines, directeur de l'École des mineurs de Saint-Etienne. **Traité pratique de la jurisprudence des mines**, minières, forges et carrières. 2e *édition*, revue et mise au courant de la législation actuelle. 3 beaux vol. in-8. . . . 25 fr.

DUPUIT (J.), ingénieur en chef des ponts et chaussées, directeur du service municipal de la ville de Paris **Traité théorique et pratique de la conduite et de la distribution des eaux.** 2ᵉ édition. Un fort vol, in-4, accompagné d'un bel atlas de 47 planches in-folio demi-jésus. Paris, 1865. Prix. . . . . 45 fr.

— **Traité de l'équilibre des voûtes et de la construction des ponts en maçonnerie.** La publication en a été achevée par MM. MAYER et VAUDREY. ingénieurs en chef des ponts et chaussées. Un vol. grand in-4 et atlas de 49 grandes planches. Prix. . . 60 fr.

ECK, architecte, ingénieur. **Traité des constructions** en poteries et en métal. 1 vol. in-fol. cartonné, avec 86 planches. . . . . . 40 fr.

ÉMY, colonel du génie. **Traité de l'art de la charpenterie.** 2ᵉ édition. revue avec soin, suivie d'*Eléments de charpenterie métallique* et précédée d'une notice sur l'Exposition universelle de 1867 (section des bois), par M. BARRÉ, ingénieur civil. 3 vol. in-4 et atlas de 187 planches reliés. Prix. . . . . 125 fr.

D'ESCLAUDS, **Compte rendu du Congrès de 1867** et des Congrès d'échecs antérieurs. suivis des règles fondamentales et du règlement du jeu des échecs par MM. Neuman et Arnous de Rivière. In-8, relié, avec très-nombreuses figures. . . . . 15 fr.

FREYCINET (de), ingénieur en chef des mines, sénateur. **Traité d'assainissement :** 1° *Assainissement industriel*, comprenant la description des principaux procédés employés dans les centres manufacturiers de l'Europe occidentale pour protéger la santé publique et l'agriculture contre les effets des travaux industriels; 2° *Assainissement des villes*, comprenant la description des principaux procédés employés dans les centres de population de l'Europe occidentale pour protéger la santé publique, publié par ordre du ministre de l'agriculture et du commerce, à la demande du comité consultatif des arts et manufactures. 2 vol. in-8, avec 39 planches. Prix. . . . . 20 fr.

FRISSARD, inspecteur général des ponts et chaussées. **Le Théâtre de Dieppe.** 20 belles planches in-folio, avec texte explicatif donnant les devis et évaluations complets des différents travaux qui ont eu lieu pour sa construction. 1 vol. in-fol. . . . . 15 fr.

GAUDRY (Jules), ingénieur au chemin de fer de l'Est. Traité élémentaire et pratique de la direction. de l'entretien et de l'installation des **Machines à vapeur** fixes, locomotives. locomobiles et marines. à l'usage des propriétaires d'usines à vapeur, mécaniciens, agents réceptionnaires. capitaines ou patrons de navires à vapeur, etc. 2ᵉ édition. entièrement refondue et considérablement augmentée. 2 vol. in-8 de texte, 1 de tableaux et de planches. . . . . . . 18 fr.

GRAEFF, inspecteur général des ponts et chaussées. **Appareil et Construction des ponts biais.** 2ᵉ édition. In-4 avec atlas. Prix. . . . . 12 fr. 50

— **Construction des canaux et des chemins de fer.** Histoire critique des travaux exécutés dans les Vosges au chemin de fer de Paris à Strasbourg et au canal de la Marne au Rhin. Tracés, viaducs, tunnels. Analyse détaillée et classement méthodique des dépenses faites pour ces travaux. In-8 et atlas. . . . . 15 fr.

GRAEEF. Mémoire sur le **Mouvement des eaux** dans les réservoirs à alimentation variable. 2 vol. in-4 et atlas. . . . . 25 fr.

GRUNER, inspecteur général des mines, ancien professeur aux Écoles des mines de Paris et de Saint-Étienne. **Traité de métallurgie.** En vente le tome Ier : *Agents et appareils métallurgiques. Principes de la combustion.* Grand in-8 et atlas. Prix. . . . . 30 fr.

HACHETTE, professeur à l'École polytechnique. **Traité de Géométrie descriptive** comprenant les applications de cette géométrie aux *ombres*, à la *perspective* et à la *stéréotomie.* 2e édition, 1 fort vol. in-4, avec 74 grandes planches. . . . . 20 fr.

HÉRON DE VILLEFOSSE, de l'Institut, inspecteur général des mines. **Atlas de la richesse minérale,** recueil de faits géognostiques et de faits industriels, offrant un cours complet de l'art des mines et usines, au moyen d'exemples tirés des célèbres établissements, et rendus sensibles à l'œil par la représentation géométrique des objets; *nouveau tirage,* accompagné d'un *nouveau texte* explicatif, rédigé par ordre du gouvernement; par H. LE COCQ, ingénieur des mines, Atlas in-folio de 65 belles planches, gravées par Leblanc, dont plusieurs coloriées, et 1 vol. in-8 de texte. . . . . . . 50 fr.

JACQUET, conducteur des ponts et chaussées. **Courbes de raccordement.** Tracé général des courbes circulaires, elliptiques et paraboliques de raccordement pour chemins de fer, routes, canaux, etc.; tracé des épures d'arches de ponts et en général de toute espèce de voûtes, quelle qu'en soit la dimension, par la tangente et par la corde, avec trois décimales exactes; tables nouvelles et complètes précédées d'une introduction renfermant la théorie, la construction et les usages des tables, de nombreuses applications, un grand nombre de problèmes, ainsi que l'exposé des différentes méthodes de tracés graphique et de cabinet, du cercle de l'ellipse et de la parabole. Ouvrage indispensable à tous ceux qui s'occupent de tracés. 1 beau vol. in-8, avec pl., relié en toile avec crayon et papier quadrillé. Paris. . . . . 6 fr.

KLEITZ, inspecteur général des ponts et chaussées. Note sur la **détermination du nombre de passagers** à admettre sur les bateaux. In-8. . . . . 2 fr.

— **Forces moléculaires des liquides.** 1 bel in-4°, avec vignettes. . . . . 20 fr.

KNAPP-MÉRIJOT. **Traité de chimie technologique et industrielle.** Traduit sur la troisième édition allemande, revu et augmenté avec le concours de l'auteur, sous la direction de E. MÉRIJOT et DEBISE, anciens élèves de l'École polytechnique, ingénieurs des manufactures de l'État.

Tome I. *Eau, combustibles, matières éclairantes, éclairage au gaz.*
Tome II. *Produits chimiques. Sel marin, Poudre à canon, potasses, soudes, acides sulfuriques, chlore, savons, aluns, mortiers.*
2 gr. in-8 avec vignettes et planches. Prix. . . . . 50 fr.

KRANTZ, ingénieur en chef des ponts et chaussées. **Murs de réservoirs.** Album de types coloriés avec texte. Gr. in-8, relié. . . . 10 fr.

KRAFFT, architecte, etc. **Traité sur l'art de la charpente,** théorique et pratique; *six parties* in-folio, ensemble 86 feuillets de texte et 180 planches, texte explicatif en trois langues (*français, allemand et anglais*); le tout pouvant être réuni en 1 fort vol. in-fol. . . . 120 fr.

LAGRENÉ (de), ingénieur en chef des ponts et chaussées. **Cours de navigation intérieure, fleuves et rivières.**
　Tome I. *Principes généraux. — Travaux de navigation.*
　Tome II. *Divers modes de transport par eau. — Travaux d'amélioration en laissant le cours d'eau libre.*
　Tome III. *Canalisation en lit de rivière, écluses, barrages*, etc. 3 gr. in-4 et 3 atlas. Prix. . . . . 75 fr.

LAMAIRESSE, ingénieur des ponts et chaussées. **Études hydrologiques sur les monts Jura.** In-4 et atlas. . . . . 20 fr.

LEBLANC, ingénieur en chef, directeur des ponts et chaussées. **Description d'un pont suspendu** de 190 mètres d'ouverture et de 39^m,70 de hauteur au-dessus des basses mers, construit sur la Vilaine à la Roche-Bernard, route de Nantes à Brest. 1 vol. in-4 de texte accompagné d'un bel atlas in-fol. . . . . 20 fr.

LECOMTE. Nouveau traité de **serrurerie.** Album de 45 pl. . . 20 fr.

LEDIEU, ancien officier et professeur de la marine, membre de la Commission d'examen des mécaniciens de la marine. **Traité élémentaire des appareils à vapeur de navigation,** à l'usage des constructeurs, des officiers de vaisseau, des élèves de l'École navale et notamment des candidats aux divers grades de maîtres mécaniciens : ouvrage publié avec l'autorisation de S. Ex. M. le ministre de la marine et des colonies. 3 vol. gr. in-8 raisin, enrichis de 450 gravures intercalées dans le texte et représentant tous les dessins exigibles au tableau dans les examens, avec atlas contenant 28 belles planches sur cuivre dessinées par M. F. Ménard, gravées par M. Duclos, et dix-sept grands tableaux de dimensions. Prix de l'ouvrage complet. . 45 fr.

— SUPPLÉMENT. — **Les nouvelles machines marines.** T. I, grand in-8 et atlas. . . . . 30 fr.

— **Les nouvelles méthodes de navigation** (*sous presse*).

LOCARD (E.), ingénieur en chef du chemin de Saint-Étienne à Lyon, ancien professeur des cours industriels de Mézières, de Charleville, etc. **Dessin linéaire,** appliqué aux arts et à l'industrie. 1 vol. in-8, accompagné d'un atlas de 35 pl. in-fol. contenant 890 dessins gravés avec soin par Hibon. . . . . 18 fr.

MALÉZIEUX. ingénieur en chef des ponts et chaussées. **Des chemins de fer anglais** en 1873. In-4, avec carte coloriée et plan de Londres. . . . . 16 fr.

MALLARD, ingénieur des mines. **Traité de cristallographie.** 1 fort vol. gr. in-8 avec très-nombreuses vignettes (*sous presse*).

MANDAR, ingénieur en chef, professeur d'architecture. **Études d'architecture civile,** ou Plans, élévations, coupes et détails nécessaires pour élever, distribuer et décorer une maison et ses dépendances, publiées pour l'instruction de l'Ecole des ponts et chaussées, *nouvelle édition,* corrigée et augmentée de 22 pl. gravées en taille-douce, d'un texte explicatif suivi des *devis et marchés;* ouvrage utile aux élèves architectes et à toutes les personnes qui font bâtir. 1 vol. in-fol. de 29 feuilles de texte et 122 pl., demi-reliure. . . . . . 60 fr.

HERVÉ MANGON, membre de l'Institut, ingénieur en chef des ponts et chaussées, professeur à l'Ecole des ponts et chaussées et au Conservatoire des arts et métiers. **Traité de génie rural**. *Travaux, instruments et machines agricoles.* Ce volume est accompagné de 26 planches et orné de 193 gravures sur bois. Prix. . . . . 45 fr.

MARIE, ancien élève de l'École des Beaux-Arts. **Éléments d'architecture. Dessins linéaires** tirés des monuments et des auteurs classiques à l'usage de l'enseignement scolaire; ouvrage admis par la Commission des bibliothèques scolaires au ministère de l'instruction publique. In-fol. de 26 planches avec texte. . . . . 12 fr

MAUMENÉ (L. J.), docteur ès sciences, lauréat de l'Institut. **Traité théorique et pratique de la fabrication** du sucre, comprenant : la culture des plantes saccharines, l'extraction du sucre brut, le raffinage, le traitement des mélasses, la distillation et les opérations relatives aux salins et potasses; l'analyse des matières utiles à la culture et à la fabrication. 2 forts vol. avec vignettes. — Le 1er est paru au prix de. . . . . 25 fr.

MOINET. **Traité général d'horlogerie**; nouvelle édition, avec Appendice par M. DEBIZE, ingénieur des manufactures de l'Etat.
Cet Appendice contient les données nouvellement acquises à la science sur l'échappement et les autres parties de l'horlogerie, et surtout tous les perfectionnements de la pratique de cet art, notamment les applications de l'électricité qui y ont été faites dans ces derniers temps.
Prix de la nouvelle édition, avec l'Appendice, 2 forts vol. gr. in-8 avec planches. . . . . 35 fr.
On vend séparément l'Appendice, gr. in-8 et 19 planches. . 12 fr.

MOISSENET. professeur de l'École des mines. **Parties riches des filons.** Structure de ces parties et leur relation avec les directions des systèmes stratigraphiques. In-8, avec 11 planches. . . . . 15 fr.

MONTDÉSIR, ingénieur en chef des ponts et chaussées. **Calcul des ponts métalliques.** Gr. in-4 et planches, nouvelle édition. . 15 fr.

MORANDIÈRE, inspecteur général des ponts et chaussées, professeur du cours de ponts à l'Ecole des ponts et chaussées, directeur de la construction au chemin de fer d'Orléans. **Traité de la construction des ponts et viaducs** en pierre, en charpente et en métal pour routes, canaux et chemins de fer. Un très-fort vol. in-4 avec vignettes et atlas de plus de 200 planches. Prix. . . . . 150 fr.

NADAULT DE BUFFON, ingénieur en chef, professeur à l'École des ponts et chaussées, membre de la Société d'agriculture, ancien chef de division au ministère des travaux publics. HYDRAULIQUE AGRICOLE, APPLICATIONS. **Irrigations, canaux d'arrosage de l'Italie septentrionale**; 2e édition. 2 vol. in-8 et un magnifique atlas. 30 fr.
— **Des submersions fertilisantes** comprenant les travaux de **colmatage, limonage, irrigations d'hiver.** 1 vol. de 500 pages in-8, avec un atlas de 17 planches grand format. Prix. . . . 20 fr.

NAVIER. Le *tome* Ier contient les leçons sur la **résistance des matériaux** et sur l'établissement des constructions en terre, en maçonnerie et en charpente. 3e *édition*, augmentée d'une très-importante annotation par M. DE SAINT-VENANT, ingénieur en chef en retraite, ancien professeur à l'École des ponts et chaussées. In-8 avec planches et des figures dans le texte. En vente, la 1re partie en 2 fascicules. Prix. . . . . 25 fr.

OLIVIER (Th.), docteur ès sciences, professeur de géométrie descriptive au Conservatoire des arts et métiers, répétiteur à l'École polytechnique, professeur-fondateur de l'École centrale des arts et manufactures, etc. **Traité complet de géométrie descriptive**, ouvrage divisé en plusieurs parties qui se vendent séparément:

1° **Cours de géométrie descriptive**. 2e *édition* revue et augmentée, deux parties in-4. avec un atlas de 97 planches. Prix. . . 22 fr. On vend séparément : 1re *partie* : **Ligne droite et plan**. In-4° et atlas. Prix. . . . . 10 fr, La 2e *partie* : **Des courbes et des surfaces courbes**, et en particulier **des sections coniques et des surfaces du second ordre**. 2e *édition*. 2 forts vol in-4, dont un de 54 pl. Prix: 12 fr. 50 La deuxieme partie forme le traité le plus complet qui existe sur les courbes et sur les surfaces ; tout y est démontré par les méthodes de projection, sans avoir recours à l'analyse.

2° **Additions au cours de géométrie descriptive** ; démonstration nouvelle des propriétés des sections coniques. In-4, avec 15 planches. Prix. . . . . 4 fr.

3° **Développements de géométrie descriptive**. 2 vol. in-4, dont un de planches. Prix. . . . . 18 fr.

4° **Compléments de géométrie descriptive**. 2 vol. in-4, dont un de planches. Prix. 18 fr.

5° **Mémoires de géométrie descriptive, théorique et appliquée**. 2 vol. in-4, dont un de planches. Paris. Prix. . . . 18 fr.

6° **Application de la géométrie descriptive** aux ombres, à la perspective, à la gnomonique et aux engrenages. 2 vol. in-4, dont un de 58 pl. doubles, dont plusieurs coloriées à l'aqua-tinta. 25 fr.

OPPERMANN (C. A.), ancien ingénieur des ponts et chaussées. **Traité complet des chemins de fer économiques** d'intérêt local, départementaux, industriels, agricoles, tramways, américains, voies de service fixes ou mobiles. 1 fort volume de 600 pages de texte, avec atlas de 48 planches. Prix. . . . . . . broc.. 35 fr.; rel., 38 fr.

— **Portefeuille économique des machines**, de l'outillage et du matériel. (*Voy.* aux *Périodiques*, p. 2.)

— **Nouvelles Annales de la construction**. (*V.* aux *Périodiques*. p. 2.)

PERNOLET, ingénieur civil des mines. **L'air comprimé et ses applications**. Grand in-8 relié, avec 3 planches. Prix. . . . . 20 fr.

POLONCEAU (A. R.), inspecteur divisionnaire des ponts et chaussées. Notice sur le nouveau système de **ponts en fonte**, suivi dans la construction du **pont du Carrousel**; description de ce pont dans ses détails; exemples comparés de divers projets, etc., texte grand in-4, avec atlas de 16 pl. in-fol. . . . . 22 fr.

RANKINE. **Manuel de mécanique appliqué**. Traduit de l'anglais par M. Vialay, ingénieur des arts et manufactures. Grand in-8, relié avec très-nombreuses vignettes. . . . . 20 fr.

RAVINET ancien chef au ministère des travaux publics. **Code des**

1..

ponts et chaussées et des mines, ou Collection complète des lois, arrêtés, décrets, ordonnances, règlements et circulaires, concernant le service des ponts et chaussées et des mines, augmenté, pour faciliter les recherches, de deux tables des matières, l'une alphabétique, l'autre chronologique. 6 forts vol. in-8, imp. sur papier collé. 55 fr.

— LE MÊME OUVRAGE, tomes I à IV, deuxième édition, comprenant les lois antérieures à 1831 et pouvant servir d'introduction à la partie : *Lois et ordonnances,* des Annales des ponts et chaussées. 4 vol. in-8. . . . . 35 fr.

— LE MÊME OUVRAGE, tomes VII et VIII. In-8. . . . . 17 fr.

REGNAULD, ingénieur en chef des ponts et chaussées. **Traité pratique de la construction des ponts et viaducs métalliques.** 1 beau vol. grand in-8 avec atlas relié. . . . . 25 fr.

REGRAY, ingénieur en chef du matériel au chemin de fer de l'Est. **Chauffage des voitures de toutes classes.** In-8 avec atlas en plans. Prix. . . . . 30 fr.

REYNAUD, inspecteur général des ponts et chaussées, directeur du service des phares, ancien professeur d'architecture à l'École polytechnique et à l'École des ponts et chaussées. **Mémoire sur l'éclairage et le balisage des Côtes de France,** publié par ordre de Son Excellence M. Armand Béhic, ministre de l'agriculture, du commerce et des travaux publics (imprimerie impériale). . . . . . 70 fr.

— TRAITÉ D'ARCHITECTURE. *Première partie :* **Art de bâtir,** études sur les matériaux de construction et les éléments des édifices; *deuxième partie :* **Composition des édifices,** étude sur l'esthétique, l'histoire et les conditions actuelles des édifices. Troisième édition, revue et augmentée, 2 vol. grand in-4, avec 2 atlas in-folio de 87 et 92 planches. . . . . 165 fr.

On vend séparément :

PREMIÈRE PARTIE, grand in-4, avec atlas. . . . . 75 fr.
DEUXIÈME PARTIE, grand in-4, avec atlas. . . . . 90 fr.

RIVOT, ingénieur en chef des mines, directeur du laboratoire et professeur de docimasie à l'École des mines. **Docimasie. Traité d'analyse des substances minérales** à l'usage des ingénieurs et des directeurs de mines et d'usines, 4 forts vol. grand in-8. Prix. 55 fr.

RIVOT, professeur à l'École des mines. **Principes généraux du traitement des minerais métalliques,** cuivre, plomb, argent et or. 3 grands in-8 et atlas. Prix. . . . . 55 fr.

En prenant ensemble les deux ouvrages, docimasie et métallurgie, le prix total est réduit à. 100 fr.

ROLLET (A.), direct. des subsist. de la marine. **Mémoire sur la meunerie, la boulangerie et la conservation des grains et des farines,** contenant la description des procédés, machines et appareils appliqués jusqu'à ce jour au nettoyage, à la conservation et à la mouture des blés, à la fabrication du pain et à celle du biscuit de mer, en France, en Angleterre, en Irlande, en Belgique, en Hollande, etc., précédé de *Considérations sur le commerce des blés en Europe,* publié par ordre de M. le ministre de la marine. 1 fort vol. in-4, avec 15 pl., accompagné d'un magnifique atlas de 62 pl. in-fol. demi-colombier. . . . . 90 fr.

RUPRICH-ROBERT, architecte du gouvernement. **Flore ornemen-**

tale. 1 fort vol. in-4 colombier contenant 150 planches parfaitement
gravées avec texte. Prix. . . . . 125 fr.

SARRAN, garde-mines. **Manuel du géomètre souterrain.** Grand
in-8 et 6 grandes planches. Prix. . . . . 9 fr.

— **Tables des sinus calculés** par une méthode nouvelle et plus sûre.
Grand in-8. Prix. . . . . 5 fr.

SGANZIN-LALANNE. **Programme ou résumé des leçons d'un
cours de constructions.** Avec des applications tirées spécialement
de l'art de l'ingénieur des ponts et chaussées, ouvrage de feu M. J.
Sganzin, inspecteur général des ponts et chaussées et des travaux
maritimes des ports militaires, ancien professeur à l'École polytechnique, commandeur de la Légion d'honneur, chevalier de l'ordre
royal de Saint-Michel, et de M. Reibell, inspecteur général de première classe des ponts et chaussées et des travaux hydrauliques et
bâtiments civils de la marine, grand officier de la Légion d'honneur,
agissant, en 1839, comme mandataire de la famille de feu M. Sganzin.
Cinquième édition, entièrement refondue par M. Léon Lalanne, ingénieur des ponts et chaussées.

En vente les livraisons 1 et 2, texte grand in-4 et atlas format 1/2 colombier, de 6 planches dont 4 en couleur.
Prix : pour les souscripteurs à l'ouvrage entier. . . . . 15 fr.
           pour les non-souscripteurs. . . . . 25 fr.

SURELL, ingénieur en chef des ponts et chaussées. **Étude sur les
torrents des Hautes-Alpes,** ouvrage couronné par l'Académie des
sciences en 1842. Deuxième édition avec une suite, par M. Ernest
Cézanne, ingénieur des ponts et chaussées. 2 grands in-8 avec cartes
en couleur et planches. . . . . 11 fr.

THÉNOT, peintre, professeur de perspective, etc. **Traité de perspective pratique,** pour dessiner d'après nature, mis à la portée de toutes
les intelligences. Quatrième édition, revue, corrigée et considérablement augmentée. 1 fort vol. grand in-8, papier vélin satiné, orné de
28 planches parfaitement gravées par Hibon. Relié. . . . . . 15 fr.

THIBAULT, de l'Institut, professeur à l'École des beaux-arts. **Application de la perspective linéaire** aux arts du dessin. Ouvrage
posthume mis au jour par M. Chapuis. Grand in-4, planches. 30 fr.

TOSI et BECCHIO. **Monuments sépulcraux, autels, tabernacles.**
1 magnifique in-plano, relié. Rare. . . . . 60 fr.

TOUSSAINT DE SENS, architecte, etc. **Code de la propriété,** ou
Traité complet des bâtiments, contenant : l'analyse raisonnée des
lois, ordonnances et décisions judiciaires relatives aux biens particuliers, communaux et domaniaux ; propriétés indivises ; priviléges,
hypothèques, prescriptions ; meubles et immeubles selon la loi ; devis
et marchés, garanties des architectes et des entrepreneurs ; grande
et petite voirie, alignements, voie publique ; expropriations pour
cause d'utilité publique et fortifications ; compétence administrative
et judiciaire, conflits ; experts, arbitrages volontaires et d'office, etc. ;
précédé des principes généraux de droit civil invoqués par les
légistes, et suivi de modèles de procès-verbaux d'expertises, de
rapports d'arbitres, etc., et d'une table analytique ; à l'usage de
MM. les architectes-experts, ingénieurs, notaires, avoués, avocats,
maires, juges de paix, propriétaires, etc. 2 vol. in-8. . . . . . 15 fr.

— **Memento** des architectes et ingénieurs. des entrepreneurs, toiseurs, vérificateurs, et des personnes qui font bâtir ; ouvrage publié en 9 livraisons, formant 6 vol. in-8 (y compris le Code de la propriété), avec un atlas de 160 planches. Prix. . . . . 60 fr.

TRIPON, professeur au collége Sainte-Barbe, etc. **Études de projections, d'ombres et de lavis,** à l'usage de toutes les écoles, des architectes et des mécaniciens ; ouvrage divisé en quatre parties : 1° Projections orthogonales ; 2° Projections obliques ; 3° Ombres ; 4° Lavis appliqué à l'enseignement du dessin des machines, de l'architecture, etc. 1 vol. in-8 de texte avec un magnifique atlas de 40 planches grand in-4, imprimés au ·lavis sur 1/4 colombier glacé. Les 2 vol. ·. . . . . 30 fr.

On vend séparément :

Les trois premières parties comprenant les **projections** et les **ombres,** 20 planches avec texte. Prix. . . . . 15 fr.

La quatrième partie. Cours élémentaire de **lavis** appliqué à l'architecture. etc., 20 planches avec texte. Prix. . . . . 20 fr.

Les planches qui composent le remarquable atlas de cet ouvrage ont été tout récemment l'objet d'une révision complète ; l'auteur n'a rien négligé pour donner au *nouveau tirage* une véritable supériorite sur les précédents.

Le nouveau tirage de ces quarante planches, dont la parfaite exécution ne laisse rien à désirer, a été mis en vente en juin 1858.

VAZQUEZ QUEIPO, membre de l'Académie royale des sciences de Madrid et d'autres sociétés savantes nationales et étrangères, et sénateur du royaume d'Espagne. **Essai sur les systèmes métriques et monétaires des anciens peuples** depuis les premiers temps historiques jusqu'à la fin du khalifat d'Orient. 3 vol gr. in-8. . . . 30 fr.

VILLEVERT, ingénieur de chemins de fer en France et à l'étranger, ingénieur colonial, chef de service des ponts et chaussées en Cochinchine. CHEMINS DE FER. **Construction des travaux d'art** aqueducsponts. tunnels, maisons de garde, barrières, plates-formes, ballast et voies. Texte et dessins-types, avec métrés estimatifs et notes explicatives. 1 vol. in-4° élegamment cartonné à l'anglaise. Prix : 25 fr.

VUIGNER (Émile). ingénieur en chef au chemin de fer de l'Est. **Docks-entrepôts de la Villette,** détails pratiques sur les diverses constructions de cet établissement. In-4 et atlas. Prix. . . . . . 20 fr.

— **Rivière et canal de l'Ourcq. Mémoire** relatif aux travaux exécutés pour améliorer le régime des eaux sur la rivière et le canal de l'Ourcq, et pour rendre ces cours d'eau navigables. In-4 et atlas. Prix. . . . . 20 fr.

— **Embranchement du camp de Châlons. Mémoire** relatif aux travaux exécutés pour l'établissement de l'embranchement du camp de Châlons, chemin de fer de vingt-cinq kilomètres **construit en soixante-cinq jours.** In-4 et atlas. . . . . 20 fr.

VUIGNER et FLEUR SAINT-DENIS, ingénieur principal de la sixième division de construction. **Pont** sur le Rhin à Kehl, détails pratiques sur les dispositions générales et d'exécution. In-4 et atlas. . . 25 fr.

WARINGTON (W. Smith), inspecteur général des mines de Cornouailles. **La Houille et l'exploitation des houillères en Angleterre.** Trad. par M. G. Maurice. In-8 avec 65 vignettes, 1 carte en couleur et 4 planches, relié. . . . . 15 fr.

NOUVELLES ANNALES DE LA CONSTRUCTION

2ᵉ SÉRIE : 1866 A 1875. — 10 VOLUMES : **150** FR.

Prix du cartonnage : 2 fr. en plus par volume.

Cette magnifique collection peut être payée 30 fr comptant
et le reste, par à-compte trimestriels de 30 fr.

(Les séries ne se vendent pas séparément.)

———

Nomenclature par séries spéciales des exemples de construction qu'elle comprend avec cotes, prix de revient et texte explicatif.

PORTEFEUILLE ÉCONOMIQUE DES MACHINES

DE L'OUTILLAGE ET DU MATÉRIEL

2e SÉRIE : 1866 A 1875. — 10 VOLUMES : **150** FR.

Prix du cartonnage, 2 fr. en plus par volume.

Cette magnifique collection peut être payée 30 fr. comptant
et le reste par à-compte trimestriels de 30 fr.

(Les séries ne se vendent pas séparément.)

Nomenclature par séries spéciales des exemples de machines,
outillage et matériel qu'elle comprend, avec cotes, prix de
revient et texte explicatif.

Paris. — Impr. Arnous de Rivière, 26, rue Racine.

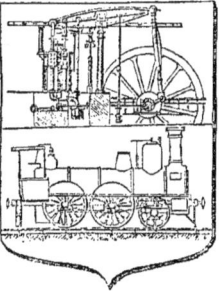

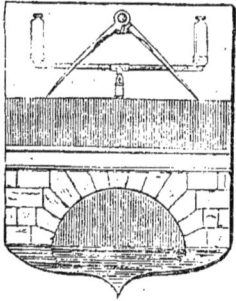

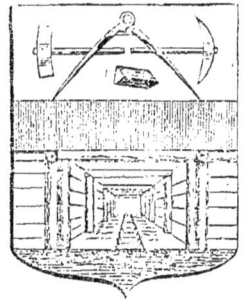

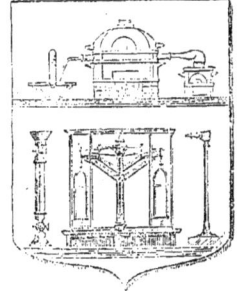

AGENDAS DUNOD A 1 FR.

Rendus franco 1 fr. 25

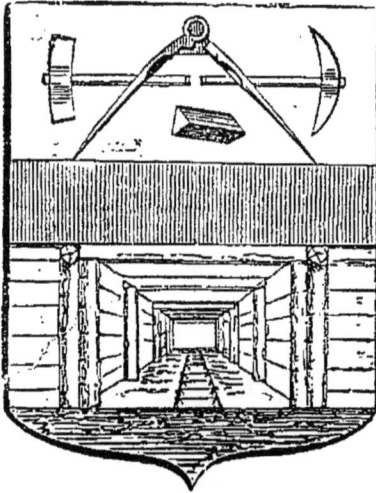

MINES ET MÉTALLURGIE
EXPLOITATION

ARTS ET MANUFACTURES
MÉCANIQUE. — CHIMIE

N° 1 A l'usage des Ingénieurs, — Architectes, — Agents voyers, — Conducteurs, — Entrepreneurs de travaux publics.

N° 2 A l'usage des Ingénieurs et Directeurs des mines et usines métallurgiques, — Gardes-mines, — Maîtres-mineurs, — Contre-maîtres.

N° 3 A l'usage des Ingénieurs du matériel des chemins de fer, des Constructeurs et Conducteurs de locomotives, — Directeurs d'ateliers de constructions agricoles et navales, — Mécaniciens, — Contre-maîtres, etc.

N° 4 A l'usage des Directeurs et Ingénieurs d'usines, — Professeurs, — Industriels, — Pharmaciens, — Fabricants de produits chimiques, — Contre-maîtres, etc.

N° 5 A l'usage des Télégraphistes, — Électriciens, — Professeurs, — Employés des postes et des chemins de fer, — Expéditeurs, — Entrepreneurs de transports.

Typographie Lahure, rue de Fleurus, 9, à Paris.